論語解
孟子解

〔宋〕尹焞 撰
周生春 吴永明 明旭 點校

浙江大學出版社
ZHEJIANG UNIVERSITY PRESS
· 杭州

圖書在版編目(CIP)數據
論語解　孟子解 /（宋）尹焞撰 ；周生春，吴永明，明旭點校. --杭州 ：浙江大學出版社，2024. 10.
ISBN 978-7-308-25505-9
Ⅰ. B222. 22；B222. 52
中國國家版本館 CIP 數據核字第 2024F9K120 號

論語解　孟子解
〔宋〕尹焞 撰　周生春　吴永明　明旭　點校

責任編輯　蔡　帆
責任校對　吴　慶
封面設計　項夢怡
出版發行　浙江大學出版社
（杭州市天目山路 148 號　郵政編碼 310007）
（网址：http://www.zjupress.com）
排　　版　浙江大千時代文化傳媒有限公司
印　　刷　杭州宏雅印刷有限公司
開　　本　880mm×1230mm　1/32
印　　張　9.125
字　　數　226 千
版 印 次　2024 年 10 月第 1 版　2024 年 10 月第 1 次印刷
書　　號　ISBN 978-7-308-25505-9
定　　價　89.00 元

校點説明

尹焞（一〇七一—一一四二）字彦明，一字德充，河南（今河南洛陽）人，河内先生尹源之孫，河南先生尹洙姪孫。少孤，奉母陳氏以居，師事伊川程頤。應進士舉，策問《議誅元祐黨人》，不對而出，不復就舉。頤没，聚徒洛中，爲學者所宗。靖康初，以种師道薦，召至京師，不欲留，賜號「和靖處士」。紹興間，以崇政殿説書召，侍講經筵，歷任祕書郎，試祕書少監、試太常少卿兼崇政殿説書，權禮部侍郎兼侍講，官至徽猷閣待制、提舉萬壽觀兼侍講，以待制提舉江州太平觀而去。紹興十二年（一一四二）十一月，卒於會稽。尹焞著有《尹和靖集》《論語解》《孟子解》等，《宋史》卷四百二十八有傳。

尹焞繼承了程頤的思想，治學態度嚴謹，堅守師説，認爲先聖遺書，雖以講誦而傳，或以解説而陋。他以玩味、涵養、踐履作爲學問的途徑。並以曾子自我期許，在一個「魯」字上下功夫，主張「學貴力行，不貴空言」。

尹焞的文集南宋時即有刻本。按隆慶本所録景定間劉承題跋：嘉定九年，王涔刊壁帖及語録。越十年，林介復刊文集，分年譜一卷，奏劄一卷，詩、文、壁帖一卷，附集一卷。語録、文集始藏之庾司，後歸板於書院。劉承校正，鋟補五百餘字。隆慶中，蘇州知府蔡國熙乃次第其文集而翻刻之，隆慶本即是從宋本翻雕（隆慶本蔡國熙序）。

其文集多見於南宋以來官私諸書目的著録。如陳振孫《直齋書録解題》卷十八、馬端臨《文獻通考》卷二百三十八著録《尹和靖集》一卷、附集一卷。高儒《百川書志》卷十二著録《尹和靖文集》一卷，附録一卷，年譜一卷。焦竑《國史經籍志》卷五著録《尹焞集》二卷。孫能傳《内閣藏書目録》卷三著録《和靖先生文集》二册。祁承㸁《澹生堂藏書目》集部上著録《尹和靖集》二册。季振宜《季滄葦藏書目·宋元雜板書·文集》著録宋《和靖尹焞集》三卷。黄虞稷《千頃堂書目》卷二十九著録《和靖先生文集》十卷。馬瀛《唫香仙館書目》卷四著録《和靖集》十卷。丁丙《善本書室藏書志》卷二十九著録《尹和靖先生文集》六卷。

目前傳世的尹焞文集均源自宋本，主要有以下諸種：明嘉靖九年所刻《和靖尹先生文集》十卷、附録一卷，現藏國家圖書館等處，上海圖書館所藏無附録。明天啓刻本、清刻本和清抄本《和靖尹先生文集》十卷、附録一卷，現藏上海圖書館、浙江大學圖書館和國家圖書館。明隆慶三年所刻《和静先生文集》三卷、附集一卷，現藏浙江圖書館等處。明刻本《和静先生文集》四卷，現藏上海圖書館，湖南省圖書館所藏有清王禮培批校。明刻宋王時敏輯、丁丙跋本《和静先生文集》四卷、附集一卷，現藏南京圖書館。清抄本《和靖尹先生文集》八卷，現藏浙江圖書館、河南省圖書館

（以上見《中國古籍善本總目·集部·宋别集》）。以及《文淵閣四庫全書》本《尹和靖文集》八卷等。

上述版本大致可分爲兩大系統：其一乃嘉靖本、天啓本、四庫本等十卷本和八卷本（無《附集》）《和靖尹先生文集》，均源自嘉靖本。嘉靖本乃紹興知府洪珠「裒拾其文集」，梓之尹焞祠中（見卷末洪珠《刻尹和靖文集後序》）；其二爲隆慶本和明刻四卷本《和静先生文集》。隆慶本乃蘇州知府蔡國熙次第宋林介所刊《文集》而翻刻，没有嘉靖本系統收録的《師説》。丁丙跋明刻四卷本比隆慶本多出《會稽師説》一卷。《會稽師説》與嘉靖本系統相同，當係從後者補入。兩相比較，以嘉靖本系統流行較廣。

除《文集》外，南宋時尹焞的《論語解》《孟子解》亦已流傳於世，且多見於南宋以來諸官私書目。如按韓元吉《孟子解》跋，乾道時趙德莊曾在建安郡齋刊梓《論語解》《孟子解》（《和靖尹先生附集》卷十）。《郡齋讀書志》卷一下則著録尹氏《論語義》十卷，卷五上著録尹焞《孟子解》二卷。《直齋書録解題》卷三著録尹氏《論語解》十卷，《孟子解》十四卷。《宋史》卷二百二著録尹焞《論語解》十卷，卷二百五著録尹焞《孟子解》十四卷。《國史經籍志》卷二著録尹焞《論語解》十卷。《萬卷堂書目》卷一著録尹焞《論語解》三卷，《孟子解》二卷。《四庫全書總目》卷三十七著録尹焞《孟子解》二卷。阮元《文選樓藏書記》卷五著録尹焞《孟子解》抄本十四卷。

按《中國古籍善本總目》所録，目前傳世的《論語解》善本僅有明末祁氏澹生堂不分卷之抄本，現藏國家圖書館。《孟子解》善本則僅有清代二卷本抄本，現藏西安市文物管理委員會，《四庫全書存目叢書》已將其影印出版。爲方便讀者，確保尹焞著述的完整及其思想傳承的系統性，借整理點校尹焞文集之機，我們將國家圖書館所藏善本澹生堂抄本《論語解》和《四庫全書存目叢書》所影印出版的清抄本《孟子解》一併納入整理范圍，按同一體例校點，以饗讀者。

此外，南宋時尚有記載尹焞言行的著述傳於世。如淳熙間，流傳於世的《和靖語録》即有數家。當時，孫逢吉又刻《馮氏録》，而以臨川所刊先生墨迹（即《壁帖》）與告詞、墓誌附見於其後（《和靖尹先生文集》卷十孫逢吉《題和靖先生語録後》）。《直齋書録解題》卷九、《文獻通考》卷二百十著録有馮忠恕、祁寛、吕堅中所録《尹和靖語録》四卷。《兩宋名賢小集》卷一百四十著録有《門人問答》。《文淵閣書目》卷四、卷九著録有《尹和靖言行録》二册。《内閣藏書目録》卷五著録有《尹和靖先生言行録》二册。《續文獻通考》卷一百六十四著録有馮忠恕《涪陵紀善録》一卷。此類著述今日仍存於世，如《中國古籍善本總目・子部・儒家》、中國古籍總目編纂委員會所編《中國古籍總目・子部・儒家類・儒學之屬》即著録了祁寛輯、明抄本《和靖先生語録》三卷（現藏蘇州圖書館），張恕輯、清刻本《彦明語録》一卷（現藏國家圖書館），張恕輯、民國十九年恒倫刻本《彦明語録》一卷（現藏南京圖書館）。此類著述並非尹焞親撰，而是出自其門人之手。

凡例

一、此次編纂、校點的尹焞《論語解》《孟子解》二種，合編爲一書。

二、編纂、校點按北京大學《〈儒藏〉（精華編）編纂體例》和《〈儒藏〉（精華編）編纂體例補充説明》進行。

三、《論語解》的校點以國家圖書館所藏明末祁氏澹生堂抄本爲底本（簡稱「祁氏本」或「底本」），以中華書局一九八三年版《新編諸子集成·四書章句集注》本《論語》（簡稱「集注本」）、上海古籍出版社、安徽教育出版社《朱子全書》修訂本之《論語精義》（簡稱朱子本）爲對校本。

四、《孟子解》的校點以《四庫全書存目叢書》影印西安市文物管理委員會所藏清抄本（簡稱「清抄本」或「底本」）爲底本，以中華書局一九八三年版《新編諸子集成·四書章句集注》本《孟子》（簡稱「集注本」）、上海古籍出版社、安徽教育出版社《朱子全書》修訂本之《孟子精義》（簡稱朱子本）爲對校本。

目録

論語解

孟子解

論語解

學而第一

子曰：「學而時習之，不亦說乎？有朋自遠方來，不亦樂乎？人不知而不愠，不亦君子乎？」

學而時習之，無時而不習也。能有自得，故說；有朋自遠方來，其道同而信之也，故樂；學在己，不知在人〔一〕，何愠之有，故曰君子。

有子曰：「其爲人也孝弟，而好犯上者，鮮矣；不好犯上，而好作亂者，未之有也。君子務本，本立而道生。孝弟也者，其爲仁之本與！」

孝弟，順德也，順則宜無犯上，不好犯上矣，其好作亂者未之有也；仁，性也。爲仁之道，由孝弟而生，故爲仁者必本乎孝弟。

〔一〕集注本引此句作「知不知在人」。

子曰：「巧言令色，鮮矣仁！」

巧言令色而仁者，鮮矣。知巧言令色之非仁，則知仁矣。

曾子曰：「吾日三省吾身：爲人謀而不忠乎？與朋友交而不信乎？傳不習乎？」

曾子之三省，誠而已。爲人謀而不忠，與人交而不信，不習而傳於人，皆誠所未至也。曾子守約，故動必求諸身。

子曰：「道千乘之國，敬事而信，節用而愛人，使民以時。」

敬其事，信於民，節用愛人，不奪其時，以是五者道其國，可謂言近而易行矣。然推其極，雖堯舜之道亦不過如是而已。後世不能先此，徒欲以刑政而爲治者，其亦不知本矣。有志於南面者，其可以言近易行而忽諸？

子曰：「弟子入則孝，出則弟，謹而信，泛愛衆，而親仁。行有餘力，則以學文。」

爲弟、爲子之職，孝於親，弟於長，謹於行，信於言，泛愛乎衆而親仁人，此德行也。行之有餘力，則以學文。德行，本也；文藝，末也。故窮其本末，知所先後，可以入德矣。

子夏曰：「賢賢易色，事父母能竭其力，事君能致其身，與朋友交言而有信。雖曰未學，吾必謂之學矣。」

賢其賢，則敬賢之誠見於色，故曰：「易色。」於其事君、事親、與朋友交，皆盡其誠，無所不用其極也。學者，學此者也。故雖未學，必謂之學矣。

子曰：「君子不重，則不威。學則不固。主忠信。無友不如己者。過，則勿憚改。」

不厚重，則無威儀；無威儀，則志不篤；志不篤，則所學不能堅固。主於忠信，其忠信不如己者，則勿友也。遷善貴速，故過則勿憚改。君子自脩當如是也。

曾子曰：「慎終追遠，民德歸厚矣。」

居喪盡禮，祭祀盡誠，慎終〔二〕追遠之事也。推而至於天下之事皆能慎其終，不忘於遠，非惟己之德厚，化民亦歸於厚德。

子禽問於子貢曰：「夫子至於是邦也，必聞其政，求之與？抑與之與？」子貢曰：「夫子温、良、恭、儉、讓以得之。夫子之求之也，其諸異乎人之求之與？」

温、良、恭、儉、讓，聖德之光輝，接於人者也。温，和厚也；良，易直也；恭，則不侮也；儉，則無欲也；讓，謙遜也。德容如是，是以諸侯欽而信之。至於是邦，必聞其政也。

〔二〕「終」，底本誤作「遠」，据朱子本改。

子曰：「父在，觀其志；父没，觀其行；三年無改於父之道，可謂孝矣。」

父在觀其所志，父没觀其所行，三年無改於父之道。説者謂：如其道，雖終身無改，可也；如其非道，何待三年？然則三年無改於父之道，孝子之心所不忍，故也。

有子曰：「禮之用，和爲貴。先王之道斯爲美，小大由之。有所不行，知和而和，不以禮節之，亦不可行也。」

禮之弊，則至於離；和之弊，則至於流。禮之用，以和爲貴，先王之道以斯爲美，小大由之。然復有所不行者，蓋知和而和，不以禮節之，則失於流故也。

有子曰：「信近於義，言可復也；恭近於禮，遠耻辱也；因不失其親，亦可宗也。」

信非義也，以其言可復，則近於義；恭非禮也，以其遠耻辱，則近於禮。然則恭、信於禮、義爲近者也，因其近，雖未足以盡禮、義之本，亦不失其所宗尚也。

子曰：「君子食無求飽，居無求安，敏於事而慎於言，就有道而正焉，可謂好學也已。」

君子之學如此〔二〕，可謂篤志、力行者矣。然不取正於有道，未免有差。如楊、墨，學仁義而差者也。其

〔二〕　集注本引此句作「君子之學，能是四者」。

流至於無父、無君，謂之好學，可乎？

子貢曰：「貧而無諂，富而無驕，何如？」子曰：「可也。未若貧而樂，富而好禮者也。」子貢曰：「『如切如磋，如琢如磨。』〔二〕其斯之謂與？」子曰：「賜也，始可與言《詩》已矣！告諸往而知來者。」

貧而無諂，富能無驕，安分而已。至於貧而樂，富而好禮，非自脩者，不能也。切磋琢磨，自脩之謂也。告以樂與好禮，而能知自脩之道，告往知來者也。賜也，能以意逆志而得之，故曰：可與言詩也。

子曰：「不患人之不己知，患不知人也。」

君子求在我者也，故不患人之不己知。其不知人者，則是非邪正或不能辨，故以爲患也。

〔二〕集注本於此引句前有「《詩》云」二字。

爲政第二

子曰：「爲政以德，譬如北辰，居其所而衆星共之。」

爲政以德，則不動而化，無爲而治。人之歸之，如衆星之共北辰。爲政苟不以德，則人不附，且勞矣。

子曰：「《詩》三百，一言以蔽之，曰『思無邪』。」

《詩》三百篇，雖美惡怨刺不同，其旨則可一言以蔽之，曰：思無邪而已。夫子既删之，止乎禮義。動天地，感鬼神，莫近於詩。非正奚可哉？

子曰：「道之以政，齊之以刑，民免而無耻；道之以德，齊之以禮，有耻且格。」

道之以政，齊之以刑，則無教化矣，民雖苟免而無耻。道之以德，齊之以禮，則教化存焉，所以有耻且格。

子曰：「吾十有五而志於學，三十而立，四十而不惑，五十而知天命，六十而耳順，七十而從心所欲，不踰矩。」

立，能自立於斯道也。不惑，則無所疑也。知命窮理，盡性也。耳順，所聞皆通也。從心，則不勉而中也。孔子生而知之者，而言十五至於七十成德之序如此，其亦勉進學者不躐等也。孟子曰：盈科而後進，不成章不達。亦此意也。

孟懿子問孝。子曰：「無違。」樊遲御，子告之曰：「孟孫問孝於我，我對曰『無違』。」樊遲曰：「何謂也？」子曰：「生，事之以禮；死，葬之以禮，祭之以禮。」

孟懿子問孝，答以無違。懿子不能復問，故因樊遲御而告之。孟氏之於魯，事君不以禮者多矣，則其於事親可知矣，故戒之以禮。苟能盡此三者以事其親，足以爲孝矣。

孟武伯問孝。子曰：「父母唯其疾之憂。」

父母唯其疾之憂者，疾病人所不免，其遺父母憂者，不得已也如此。非義而遺其父母之憂，則不孝之大者也。

子游問孝。子曰：「今之孝者，是謂能養。至於犬馬，皆能有養；不敬，何以別乎？」

犬馬能養而不能敬，人之養親苟不能敬，無以異乎犬馬。

子夏問孝。子曰：「色難。有事弟子服其勞，有酒食先生饌，曾是以爲孝乎？」

色難，謂承順顔色爲難。若曾子養志是也。先生，父兄也。服勞具食，若曾元養口體是也，曾是以爲孝乎？言養口體未得爲孝也。故孟子曰：事親若曾子，可也。

子曰：「吾與回言終日，不違如愚。退而省其私，亦足以發。回也不愚。」

回之學默識心通，何事於問辨。其於孔子之言無所不悦，故曰不違如愚。退而省其私，亦足以發明其道，所以爲不愚也。

子曰：「視其所以，觀其所由，察其所安。人焉廋哉？人焉廋哉？」

視其所以者，知其用心之邪正；觀其所由者，考其所由之向背；察其所安者，究其所處之是非。則人之情何所匿哉？重言之者，深明其不可匿也。

子曰：「温故而知新，可以爲師矣。」

温故則不廢，知新則日益，斯言可師矣。

子曰：「君子不器。」

車不可以行水，舟不可以行陸，器之於用也如此。君子無施而不可，安得而器之。

子貢問君子。子曰：「先行其言而後從之。」

先行其言而後從之，言顧行者也。

子曰：「君子周而不比，小人比而不周。」

君子道大，周及於物而不偏比；小人偏比，故不能周。

子曰：「學而不思則罔，思而不學則殆。」

學而不思，則罔然無所得；力索而不學，則勞而無所安。

子曰：「攻乎異端，斯害也已！」

適堯、舜、文王爲正道；非堯、舜、文王爲它道。君子正而不它。苟攻乎異端，則害於正。

子曰：「由！誨女知之乎？知之爲知之，不知爲不知，是知也。」

仲由好勇，蓋有强其所不知以爲知者。故孔子誨之以此。

子張學干禄。子曰：「多聞闕疑，慎言其餘，則寡尤。多見闕殆，慎行其餘，則寡悔。言寡尤，行寡悔，禄在其中矣。」

臣聞：歸罪爲尤，罪己爲悔。多聞，而闕其所疑者，寡尤之道也；多見，而闕其不安者，寡悔之道也。子張以仕爲急，故夫子告以慎乎言行，脩天爵而人爵從之故也。能慎言行，則禄在其中矣。

哀公問曰：「何爲則民服？」孔子對曰：「舉直錯諸枉，則民服；舉枉錯諸直，則民不服。」

舉錯得義，則民心服也，必矣。

季康子問：「使民敬、忠以勸，如之何？」子曰：「臨之以莊則敬，孝慈則忠，舉善而教不能則勸。」

欲使民敬，當臨之以莊；欲使民忠，當先孝慈；欲使民勸，當舉善而教不能。未有不自己出，而能化人者也。

或謂孔子曰：「子奚不爲政？」子曰：「《書》云：『孝乎惟孝，友于兄弟，施於有政。』是亦爲政，奚其爲爲政？」

政者，正也，正身而已。所以施於天下國家者，其爲道一也。故孝友之施於家，是亦爲政，奚必在位乃爲政哉？

子曰：「人而無信，不知其可也。大車無輗，小車無軏，其何以行之哉？」

大車，謂平地任載之車。輗者，轅端横木，縛軛以駕牛者也。小車，謂田車、兵車、乘車。軏者，謂轅端上曲鈎衡以駕馬者也。人而無信，如大車無輗，小車無軏，言不可行也如是。

子張問：「十世可知也？」子曰：「殷因於夏禮，所損益，可知也；周因於殷禮，所損益，可知也：其或繼周者，雖百世可知也。」

臣聞：三王之禮不同，自畫卦垂衣裳，至周方備，皆因時損益而然也。推之，則商因於夏，周因於商，從可知矣。後世若能知損益之道，雖百世亦由是也。

子曰：「非其鬼而祭之，諂也。見義不爲，無勇也。」

臣聞師程頤曰：不當祭而祭之，諂於鬼神也。時多非禮之祀，人情狃於習俗。知義之不可而不能止，蓋無勇耳。

八佾第三

孔子謂季氏：「八佾舞於庭，是可忍也，孰不可忍也？」

舞於禮有數，天子用八、諸侯用六、大夫用四，士二。陪臣而僭天子，亂莫甚焉。忍爲是，則何所不能爲也？孔子爲政，禮樂在所先，季氏之罪不容於誅矣。

三家者以《雍》徹〔一〕。子曰：「『相維辟公，天子穆穆』，奚取於三家之堂？」

三家之僭，以《雍》徹。祭雍之詩曰：「相維辟公，天子穆穆。」三家之堂，何有於此？其無忌憚也如是，故并其辭而記之。

子曰：「人而不仁，如禮何？人而不仁，如樂何？」

樂由天作，禮以地制，皆正理也。仁者，天下之正理。夫人而不仁，其如禮樂何？失正理，則無序而不

〔一〕「徹」，底本誤作「車」，據集注本改。

和矣。

林放問禮之本。子曰：「大哉問！禮，與其奢也，寧儉；喪，與其易也，寧戚。」

文勝質則奢，質勝則儉。當是時也，禮有文勝之弊。林放問其本，孔子所以大之，故曰：「與其奢也，寧儉。」儉非中，然近於本也。喪以哀爲實，故「與其易也，寧戚」，亦近本之意。

子曰：「夷狄之有君，不如諸夏之亡也。」

孔子傷時之亂，曰：「夷狄猶有君，不如諸夏之亡也。」亡，非實亡，有而不能盡其道耳。

季氏旅於泰山。子謂冉有曰：「女弗能救與？」對曰：「不能。」子曰：「嗚呼！曾謂泰山不如林放乎？」

天子祭天地，諸侯祭山川。季氏陪臣，旅於泰山，可謂僭矣。冉有仕於季氏而不能救，故孔子歎之，謂林放猶能問禮之本，泰山豈復受非禮之祭也。

子曰：「君子無所争。必也，射乎！揖讓而升，下而飲，其争也君子。」

射者正己，非争也。觀其揖遜而升，下而飲，君子其有争乎？

子夏問曰：「『巧笑倩兮，美目盼兮，素以爲絢兮。』何謂也？」子曰：「繪事後素。」曰：「禮後乎？」子曰：「起予者商也！始可與言《詩》已矣。」

美質待禮以成德，素待繪以成絢。子夏能喻，故曰：起予。

子曰：「夏禮，吾能言之，杞不足徵也；殷禮，吾能言之，宋不足徵也。文獻不足故也。足，則吾能徵之矣。」

夏、商之禮，未盡亡也，而杞、宋之文籍、法度不足考證。故夫子不能證之。

子曰：「禘，自既灌而往者，吾不欲觀之矣。」

或問禘之說。子曰：「不知也。知其說者〔二〕之於天下也，其如示諸斯乎！」指其掌。

魯用天子禮樂。蓋成王之賜，伯禽之受，皆非也。則魯之郊禘，非禮也可知。是以自始及末，皆不欲觀之。知其說，則治天下其如示諸掌也。

祭如在，祭神如神在。子曰：「吾不與祭，如不祭。」

事死如事生，事神亦然。吾不與〔三〕祭，如不祭，誠有所不至也。

〔二〕「者」，底本誤作「矣」，據集注本改。
〔三〕「與」，底本誤作「然」，據朱子本改。

王孫賈問曰：「與其媚於奧，寧媚於竈，何謂也？」子曰：「不然，獲罪於天，無所禱也。」

王孫賈欲夫子媚於己，夫子知其意，故抑之曰：若獲罪於天，求媚何益？

子曰：「周監於二代，郁郁乎文哉！　吾從周。」

三代禮文，至周大備。　夫子美其文而從之。

子入太廟，每事問。　或曰：「孰謂鄹人之子知禮乎？　入太廟，每事問。」子聞〔二〕之，曰：「是禮也。」

禮者，敬而已矣。　雖知亦問，謹之至也。　其爲敬，莫大於是。　謂之不知禮者，豈足以知孔子哉？

子曰：「射不主皮，爲力不同科，古之道也。」

射有五善，不必專以主皮爲功也。　功力非一端，苟有可取，不必同科也。　古者取善之周也。

子貢欲去告朔之餼羊。　子曰：「賜也，爾愛其羊，我愛其禮。」

禮，廢矣。　羊存，猶得以識之。

〔二〕「聞」，底本誤作「問」，據集注本改。

子曰：「事君盡禮，人以爲諂也。」

嘆當時事上之禮，簡也。

定公問：「君使臣，臣事君，如之何？」孔子對曰：「君使臣以禮，臣事君以忠。」

君臣，以義合者也。故君使臣以禮，則臣事君以忠。

子曰：「《關雎》，樂而不淫，哀而不傷。」

以《詩》考之，謂樂得淑女，以配君子；憂在進賢，不淫其色，是樂而不淫也。哀窈窕，思賢才，而無傷善之心焉，是哀而不傷也。鐘鼓琴瑟，樂也；寤寐展轉，哀也。然則樂不失於淫，哀不失於傷。其聲之和，發而皆中節者也。

哀公問社於宰我。宰我對曰：「夏后氏以松，殷人以柏，周人以栗，曰使民戰栗。」子聞之，曰：「成事不説，遂事不諫，既往不咎。」

古者各以其所宜木名其社，非取義於木也。宰我不知而妄對，故夫子責之。

子曰：「管仲之器小哉！」或曰：「管仲儉乎？」曰：「管氏有三歸，官事不攝，焉得儉？」「然則管仲知禮乎？」曰：「邦君樹塞門，管氏亦樹塞門；邦君爲兩君之好，有反坫，管氏亦有反坫。管氏而知禮，孰不知禮？」

奢而犯禮，其器之小可知。楊子曰：「先自治而後治人之謂大器。」

子語魯太師樂，曰：「樂其可知也：始作，翕如也；從之，純如也，皦如也，繹如也，以成。」

樂，始則翕然而盛；其從也，純然而和，皦然而明；及其成也，繹然而不絕。非通於樂者，孰能知之？

儀封人請見。曰：「君子之至於斯也，吾未嘗不得見也。」從者見之。出曰：「二三子何患於喪乎？天下之無道也久矣，天將以夫子爲木鐸。」

木鐸，施政教所振也，以況夫子復何患於道喪乎。當是時也，儀封人尚能識之，而人君莫有用之者，則時之不幸也，可知已矣。

子謂《韶》，「盡美矣，又盡善也」。謂《武》，「盡美矣，未盡善也」。

樂，所以象德。故有其德者，則有其聲，蓋不可以僞爲故也。

子曰：「居上不寬，爲禮不敬，臨喪不哀，吾何以觀之哉？」

居上主於寬，爲禮主於敬，臨喪主於哀，不然則無本矣，何所觀乎？

里仁第四

子曰：「里仁爲美。擇不處仁，焉得知？」

里居之間，有仁者猶以爲美，處而不擇乎仁，焉得爲知乎？

子曰：「不仁者不可以久處約，不可以長處樂。仁者安仁，知者利仁。」

泰而不驕，窮而不濫，惟仁者能之。又曰：知仁之爲美，擇而行之，利其仁也。心有其仁，是利之者，乃知者之事也。若仁者，則安於仁而已矣。

子曰：「惟仁者能好人，能惡人。」

仁之道，公而已，所以好惡皆當於理。

子曰：「苟志於仁矣，無惡也。」

志於仁者，何不善之有？

子曰：「富與貴，是人之所欲也，不以其道，得之不處也。貧與賤，是人之所惡也，不以其道，得之不去也。君子去仁，惡乎成名？君子無終食之間違仁，造次必於是，顛沛必於是。」

富貴，人之所欲。所欲有甚於富貴者，仁是也。不以富貴而害仁，故曰：「不以其道，得之不處也。」貧賤，人之所惡。所惡有甚於貧賤者，不仁是也。不以貧賤而樂不仁，故曰：「不以其道，得之不去也。」又曰：去仁，則不得名君子矣。君子之於仁，純亦不已。

子曰：「我未見好仁者，惡不仁者。好仁者，無以尚之；惡不仁者，其爲仁矣，不使不仁者加乎其身。有能一日用其力於仁矣乎？我未見力不足者。蓋有之矣，我未之見也。」

人能好仁，則何以尚之？苟能惡不仁，不使不仁加其身，是亦爲仁矣。「有能一日用其力於仁矣乎？我未見力不足者。」言未見用力於仁者也。「一日克己復禮，天下歸仁焉。」「我欲仁，斯仁至矣。」不仁者豈力所不足乎？蓋不爲耳。孔子不欲謂無其人，故曰未之見也。

子曰：「人之過也，各於其黨。觀過，斯知仁矣。」

君子失於厚，小人失於薄；君子過於愛，小人過於忍。各於其類觀之，則人之仁不仁可知矣。

子曰：「朝聞道，夕死可矣！」

死生亦大矣，非誠有所得，寧以夕死爲可乎！

子曰：「士志於道，而恥惡衣惡食者，未足與議也。」

役於外者，未足與議道也。

子曰：「君子之於天下也，無適也，無莫也，義之與比。」

君子之於天下，惟義是視也。

子曰：「君子懷德，小人懷土；君子懷刑，小人懷惠。」

樂善，惡不善，所以爲君子。苟安務德，所以爲小人。

子曰：「放於利而行，多怨。」

心存於利，取怨之道也。蓋利於己，必害於人。

子曰：「能以禮讓爲國乎？何有！不能以禮讓爲國，如禮何！」

禮者，爲國之本。能以禮讓，復何加焉？不能以禮讓，將如禮何？

子曰：「不患無位，患所以立；不患莫己知，求爲可知也。」

君子求其在己者，故患身無所立，不患無位以行之；求爲可知之行，不患人之不己知也。

子曰：「參乎！吾道一以貫之。」曾子曰：「唯。」子出。門人問曰：「何謂也？」曾子曰：「夫子之道，忠恕而已矣。」

道無二也，一以貫之，天地萬物之理畢矣。曾子於聖人之門，造道最深，夫子不待問而告，曾子聞之，亦弗疑也，故唯而已。其答門人，則曰「忠恕」者，盡己之謂忠，推己之謂恕。然則忠恕果可以一貫乎？忠恕違道不遠者也。若夫子貢，以夫子多學而識之爲然，始謂之曰「吾道一以貫之」，則二子之學淺深可見也。又曰忠恕一事也，主於内爲忠，見於外爲恕。

子曰：「君子喻於義，小人喻於利。」

惟其深喻，是以篤好。

子曰：「見賢思齊焉，見不賢而内自省也。」

見賢思齊之，見不賢而内自省之，自脩之道如此。

子曰：「事父母幾諫。見志不從，又敬不違，勞而不怨。」

義見後章。

子曰：「父母在，不遠遊。遊必有方。」

見幾而諫，又敬而順，事親無犯無隱者也。勞而不怨，遊必有方，皆孝子之事也。

子曰：「三年無改於父之道，可謂孝矣。」

子曰：「父母之年，不可不知也。一則以喜，一則以懼。」

知親之年，喜其壽，懼其衰也。

子曰：「古者言之不出，耻躬之不逮也。」

行不逮言，爲可耻也。

子曰：「以約失之者，鮮矣。」

凡事約則鮮失。又曰不必只儉約，凡事皆要約，約之以禮，然又要得中。

子曰：「君子欲訥於言，而敏於行。」

言欲訥，而行欲敏，君子之志也。

子曰：「德不孤，必有鄰。」

事物莫不各以其類應，故德必有鄰。

子游曰：「事君數，斯辱矣；朋友數，斯疏矣。」

數，煩數也。

公冶長第五

子謂公冶長，「可妻也。雖在縲絏之中，非其罪也」。以其子妻之。子謂南容，「邦有道，不廢；邦無道，免於刑戮」。以其兄之子妻之。

雖縲絏而非其罪，邦無道免於刑戮，皆能不陷於不義，非慎行者不能也。聖人至公而已，於事各有所當，視其子及兄之子，何所容心哉！

子謂子賤，「君子哉若人！魯無君子者，斯焉取斯」？

因子賤之賢，知魯國之多君子。若魯無君子，則子賤何所取法，能若是耶？

子貢問曰：「賜也何如？」子曰：「女，器也。」曰：「何器也？」曰：「瑚璉也。」

器，有用者也。瑚璉，宗廟之器。子貢雖未至於不器，然其器之貴者歟！

或曰：「雍也仁而不佞。」子曰：「焉用佞？禦人以口給，屢憎於人。不知其仁，焉用佞？」

佞，口才也。雍也仁矣，或疑其不佞，故問焉。子謂既仁矣，惡所用佞。因言佞者禦人以口給，屢爲人所憎，仁者安所用之乎？

子使漆雕開仕。對曰：「吾斯之未能信。」子説。

以己學且未能信，奚可以仕？夫子説其篤志也。

子曰：「道不行，乘桴浮於海。從我者其由與？」子路聞之喜。子曰：「由也好勇過我，無所取材。」

浮海居夷，譏天下無賢君以行其道，子路勇於從命，無所裁度也。臣聞師程頤曰：「古者材與裁通用。」

孟武伯問：「子路仁乎？」子曰：「不知也。」又問。子曰：「由也，千乘之國，可使治其賦也，不知其仁也。」「求也何如？」子曰：「求也，千室之邑，百乘之家，可使爲之宰也，不知其仁也。」「赤也何如？」子曰：「赤也，束帶立於朝，可使與賓客言也，不知其仁也。」

三子之才，則可知也。必也盡仁之道，斯可謂之仁，是以對曰不知其仁也。

子謂子貢曰：「女與回也孰愈？」對曰：「賜也何敢望回？回也聞一以知十，賜也聞一以知二。」子曰：「弗如也！吾與女弗如也。」

臣聞師程頤曰：「子貢喜方人，故問其與回也孰愈。」既曰何敢望回，而云吾與女弗及者，豈聖人真與所不及哉？所以勉子貢進學也。

宰予晝寢。子曰：「朽木不可雕也，糞土之墻不可杇〔二〕也。於予與何誅？」子曰：「始吾於人也，聽其言而信其行；今吾於人也，聽其言而觀其行。於予與改是。」

宰予以言稱於聖門，孟子亦曰善爲説辭，於其對哀公問社及問三年之喪，復於此皆深責之。蓋能言而行不逮者矣。傳曰：「晝居於内，問其疾可也。」故以朽木糞墻譬其質惡，難以語學也。

子曰：「吾未見剛者。」或對曰：「申棖。」子曰：「棖也慾，焉得剛？」

人有慾則無剛，剛則不屈於慾。

子貢曰：「我不欲人之加諸我也，吾亦欲無加諸人。」子曰：「賜也，非爾所及也。」

無加諸人，在己；欲人不加諸我，在人。在己，可必也；在人，不可必也。

子貢曰：「夫子之文章，可得而聞也；夫子之言性與天道，不可得而聞也。」

子貢於此始有所得。知性與天道，非如文章可得而易聞。

子路有聞，未之能行，唯恐有聞。

〔二〕「杇」，底本誤作「朽」，據集注本改。

子路勇於行者，故有聞而未能行，唯恐復有聞也。

子貢問曰：「孔文子何以謂之文也？」子曰：「敏而好學，不耻下問，是以謂之文也。」

勤學好問曰文。

子謂子産，「有君子之道四焉：其行己也恭，其事上也敬，其養民也惠，其使民也義」。

四者人有一焉，得以爲君子。子産兼之，故曰有君子之道四焉。

子曰：「晏平仲善與人交，久而敬之。」

交久則敬衰，久而能敬，所以爲善也。

子曰：「臧文仲居蔡，山節藻棁，何如其知也？」

罪莫大於僭，知者爲之乎？《左傳》稱仲尼謂臧文仲不知者三，有曰作虚器是也。

子張問曰：「令尹子文三仕爲令尹，無喜色；三已之，無愠色。舊令尹之政，必以告新令尹。何如？」子曰：「忠矣。」曰：「仁矣乎？」曰：「未知，焉得仁？」「崔子弑齊君，陳文子有馬十乘，棄而違之。至於他邦，則曰：『猶吾大夫崔子也。』違之。之一邦，則又曰：『猶吾大夫崔子也。』違之。何如？」子曰：「清矣。」曰：「仁矣乎？」曰：「未知。焉得仁？」

觀二子之事，謂之忠清則可矣，仁則未知也。

季文子三思而後行。子聞之，曰：「再，斯可矣。」

思至於再，可也。至於三，則惑。若文子使晉，而求遭喪之禮以行，思之過者也。

子曰：「甯武子，邦有道則知，邦無道則愚。其知可及也，其愚不可及也。」

邦無道而愚，蓋人之難能者也。

子在陳，曰：「歸與！歸與！吾黨之小子狂簡，斐然成章，不知所以裁之。」

孔子在陳，不得中道而與之，故思其次也。狂簡小子，於《詩》、《書》、禮、樂能成文章，而不能裁者也。是以自衛反魯，然後樂正，《雅》《頌》各得其所。

子曰：「伯夷、叔齊不念舊惡，怨是用希。」

伯夷、叔齊之節，可謂高峻。觀其清，而至於衣冠不正，則望望然去之，不亦隘矣？宜若無所容者。惟不念舊惡，其中宏裕，怨是用希也。

子曰：「孰謂微生高直？或乞醯焉，乞諸鄰而與之。」

君子敬以直內。若微生高，其枉雖小，害直爲大。

子曰：「巧言、令色、足恭，左丘明耻之，丘亦耻之。匿怨而友其人，左丘明耻之，丘亦耻之。」

足恭，過恭也。巧言、令色，外諂者也。匿怨而友其人，内詐者也。左丘明，古之聞人。

顔淵、季路侍。子曰：「盍各言爾志？」子路曰：「願車馬、衣輕裘，與朋友共，敝之而無憾。」顔淵曰：「願無伐善，無施勞。」子路曰：「願聞子之志。」子曰：「老者安之，朋友信之，少者懷之。」

夫子安仁，顔淵不違仁，季路求仁。臣聞師程頤曰：「欲見聖賢氣象，當於此致思焉。」

子曰：「已矣乎！吾未見能見其過而自訟者也。」

知過非難，自訟爲難。苟自訟不置，能無改乎？

子曰：「十室之邑，必有忠信如丘者焉，不如丘之好學也。」

忠信，質也。人誰無質乎？於學，則不如己之好焉。所以勉人云爾。

雍也第六

子曰："雍也，可使南面。"仲弓問子桑伯子。子曰："可也簡。"仲弓曰："居敬而行簡，以臨其民，不亦可乎？居簡而行簡，無乃大簡乎？"子曰："雍之言然。"

南面，謂可以爲政也。〔二〕以其居簡，故曰可也。中主於敬而行簡，不亦可乎？若居簡而行簡，則太簡。

哀公問："弟子孰爲好學？"孔子對曰："有顔回者好學，不遷怒，不貳過。不幸短命死矣！今也則亡，未聞好學者也。"

怒在物不在己，故不遷。有不善未嘗不知，知之未嘗復行，故不貳。

子華使於齊，冉子爲其母請粟。子曰："與之釜。"請益。曰："與之庾。"冉子與之粟五秉。子曰："赤之適齊也，乘肥馬，衣輕裘。吾聞之也，君子周急不繼富。"原思爲之宰，與之粟九百，

〔二〕此句底本脱，據朱子本補。

辭。子曰：「毋！以與爾鄰里鄉黨乎！」

赤之適齊也，乘肥馬，衣輕裘，而冉求乃資之。與之釜者，所以示不當與也。求不達其意而請益，與之五秉，故夫子非之。又曰原思之辭常禄，使其苟有餘，則分諸鄰里鄉黨者。凡取予，一適於義而已。

子謂仲弓，曰：「犂牛之子騂且角，雖欲勿用，山川其舍諸？」

臣聞張載曰：「犂牛之子，雖非純全，然使其騂色且角，縱不爲大祀所取，次祀小祀亦必取之。」謂仲弓苟立其大者，人所不棄也。

子曰：「回也，其心三月不違仁，其餘則日月至焉而已矣。」

三月，言其久。若聖人，則渾然無間斷矣。此顔子於聖人未達一間者也。日月至焉，心存於仁，而不久故也。

季康子問：「仲由〔一〕可使從政也與？」子曰：「由也果，於從政乎何有？」曰：「賜也可使從政也與？」曰〔二〕：「賜也達，於從政乎何有？」曰：「求也可使從政也與？」曰：「求也藝，於從政乎何有？」

〔一〕「仲由」，底本誤作「仲弓」，據集注本改。

〔二〕「曰」，底本脱，據集注本補。

人各有所長，能取所長，皆可用也。

季氏使閔子騫爲費宰。閔子騫曰：「善爲我辭焉。如有復我者，則吾必在汶上矣。」

仲尼之門不仕於大夫之家者，閔子、曾子數人而已。

伯牛有疾，子問之，自牖執其手，曰：「亡之，命矣夫！斯人也而有斯疾也！斯人也而有斯疾也！」

牖，牖下也。包氏謂有惡疾，不欲人見。恐其不然也。

子曰：「賢哉，回也！一簞食，一瓢飲，在陋巷，人不堪其憂，回也不改其樂。賢哉，回也！」

簞瓢陋巷，非有可樂，能不以衆人之所憂改其樂，故曰賢哉。

冉求曰：「非不說子之道，力不足也。」子曰：「力不足者，中道而廢。今女畫。」

力不足者，必中道而廢。今求也，非力不足也，自止之也。

子謂子夏〔二〕曰：「女爲君子儒，無爲小人儒。」

〔二〕「子夏」，底本誤作「子貢」，據集注本改。

君子儒爲己，小人儒爲人。

子游爲武城宰。子曰：「女得人焉爾乎？」曰：「有澹臺滅明者，行不由徑，非公事，未嘗至於偃之室也。」

行不由徑，動必從正道。

子曰：「孟之反不伐，奔而殿。將入門，策其馬，曰：『非敢後也，馬不進也。』」

師奔而殿，是難能也，而又不有其功，故稱其不伐也。

子曰：「不有祝鮀之佞，而有宋朝之美，難乎免於今之世矣！」

無鮀之巧言與朝之令色，難免乎今之世，必見憎疾矣。

子曰：「誰能出不由户？何莫由斯道也？」

道不可離，可離〔二〕非道，猶出入必由户也。

子曰：「質勝文則野，文勝質則史。文質彬彬，然後君子。」

〔二〕「可離」，底本脱，據朱子本補。

史文勝而理不足也，惟君子文質得其宜。

子曰：「人之生也直，罔之生也幸而免。」

直，性也。罔，失性者也。幸而免，謂得免者幸也。

子曰：「知之者不如好之者，好之者不如樂之者。」

知之者，知有是道也。好之者，好而未得也。樂之者，有所得而安之也。

子曰：「中人以上，可以語上也；中人以下，不可以語上也。」

才卑而語之高，未有能喻者也。

樊遲問知。子曰：「務民之義，敬鬼神而遠之，可謂知矣。」問仁。曰：「仁者先難而後獲，可謂仁矣。」

能從百姓之所義者，知也。鬼神當欽者，親而求之，則非知也。以所難爲先而不計其所獲，仁也。

子曰：「知者樂水，仁者樂山。知者動，仁者靜。知者樂，仁者壽。」

知，動也，猶水之流通。仁，静也，猶山之安静。得其樂者，知也。得其常者，仁也。

子曰：「齊一變，至於魯；魯一變，至於道。」

齊自管仲用霸道，變亂太公之法盡矣。魯雖曰廢墜周公之法，而尚有存者，未嘗變亂。故齊一變至於魯，魯一變至於道也。

子曰：「觚不觚，觚哉！觚哉！」

觚之不觚，不得爲觚矣。猶爲君必盡君道，爲臣必盡臣道，推之事物，亦如是而已。

宰我問曰：「仁者，雖告之曰：『井有人焉。』其從之也？」子曰：「何爲其然也？君子可逝也，不可陷也；可欺也，不可罔也。」

宰我問仁者不避患難，雖告之以赴井爲仁，亦從之乎？夫子謂不然，君子可使有往，不可陷於不知；可欺以其方，不可罔以非其道。

子曰：「君子博學於文，約之以禮，亦可以弗畔矣夫！」

博學於文，約之以禮，亦可以弗畔於道。

子見南子，子路不說。夫子矢之曰：「予所否者，天厭之！天厭之！」

臣聞師程頤曰：「南子非正而衛君以爲夫人，使見夫子，夫子雖不願見，安能拒之乎？子路以夫子爲彼强也，故不說。夫子爲陳不得已之故，而謂之曰吾道之否塞如是。」蓋天厭之，猶天喪予也。

子曰：「中庸之爲德也，其至矣乎！民鮮久矣。」

中庸，天下之正理。德合乎中庸，可謂至矣。人知擇乎中庸而不能期月守也，故曰民鮮能久矣。

子貢曰：「如有博施於民而能濟衆，何如？可謂仁乎？」子曰：「何事於仁？必也聖乎！堯舜其猶病諸！夫仁者，己欲立而立人，己欲達而達人。能近取譬，可謂仁之方也已。」

五十者衣帛，七十者食肉。聖人非不欲少者亦衣帛食肉，然於養有所不贍。若此之類，病其施之不能博也。聖人之治，非不欲四海之外皆被其澤，然其治不過九州。若此之類，病於濟之不能衆也。博施濟衆，堯舜猶病其難，故曰「何事於仁，必也聖乎」。非仁小而聖大也，蓋仁可以通上下而言，聖則其極也。今有一事之仁，亦可謂之仁，至於盡仁之道，亦不過曰仁而已。盡仁之道，非聖不能，故曰「必也聖乎」。推己之恕以及人，乃仁之方也。

述而第七

子曰：「述而不作，信而好古，竊比於我老彭。」

老彭，不可考也，蓋信古而傳述者也。孔子亦然，信古而傳述之，不敢當作者云耳。

子曰：「默而識之，學而不厭，誨人不倦，何有於我哉？」

默識而心通，力學而日新，勤以教人，孰能若孔子者哉！則而效之，入德之序也。充而至之，則聖人矣。曰「何有於我」，是以勉學者云耳。

子曰：「德之不脩，學之不講，聞義不能徙，不善不能改，是吾憂也。」

德必脩而後成，學必講而後明，見善能徙，改過不吝，此四者日新之要也。苟未能至〔二〕之，聖人猶憂，况學者乎？

〔二〕集注本引尹氏語無「至」字。

子之燕居，申申如也，夭夭如也。

申申，和適之貌。夭夭，温裕之貌。

子曰：「甚矣吾衰也！久矣吾不復夢見周公！」

夫子有意於當世，常欲興周公之治。及其志不能就，以至於衰老，故嘆曰「不復夢見周公」也。

子曰：「志於道，據於德，依於仁，游於藝。」

志道以致之，據德以行之，依仁以居之，若夫藝，則游之而已。游者，涉而不有，過而不存。

子曰：「自行束脩以上，吾未嘗無誨焉。」

苟以禮來者，無不教也。

子曰：「不憤不啓，不悱不發，舉一隅不以三隅反，則不復也。」

憤悱，誠意之見於辭色者也。待其誠至而後告之，既告之，必待其自得乃復告耳。以三隅反者，通類之謂也。

子食於有喪者之側，未嘗飽也。子於是日哭，則不歌。

臨喪，哀也，故食未嘗飽。異哀樂也，故哭則不歌。于此見聖人忠厚之心也。

子謂顏淵曰：「用之則行，舍之則藏，惟我與爾有是夫！」子路問曰：「子行三軍，則誰與？」子曰：「暴虎馮河，死而無悔者，吾不與也。必也臨事而懼，好謀而成者也。」

用舍無與於己，行藏安於所遇，命不足道也，惟顏子幾於聖人，故亦能之。子路負其勇，謂子行三軍，則誰與，意孔子必以與己也。故抑之曰：搏虎而涉河，死而不悔，如是之勇，吾不與也。

子曰：「富而可求也，雖執鞭之事〔一〕，吾亦爲之。如不可求，從吾所好。」

可求者，義在我故也。非義，則在外者也，故從吾所好。

子之所慎：齊，戰，疾。

齊交乎鬼神，戰決乎存亡，疾繫乎死生，夫子無所不慎，弟子識其大者記之耳。

子在齊聞韶，三月不知肉味，曰：「不圖爲樂之至於斯也！」

子聞韶音，當食而忘肉之味。曰「不圖爲樂之至於斯」，歎其美也。臣聞師程頤曰：「三月，當作音字，傳寫之誤。」

冉有曰：「夫子爲衛君乎？」子貢曰：「諾。吾將問之。」入，曰：「伯夷、叔齊何人也？」曰：

〔一〕「事」，集注本作「士」。

「古之賢人也。」曰：「怨乎？」曰：「求仁而得仁，又何怨？」出，曰：「夫子不爲也。」

衛君父子爭國，夷齊兄弟讓位，孔子賢夷齊，則其不爲衛君也可知矣。

子曰：「飯疏食飲水，曲肱而枕之，樂亦在其中矣。不義而富且貴，於我如浮雲。」

君子所樂，非疏食飲水所能奪，故云「樂在其中矣」。不義富貴，非所有也，故曰「如浮雲」。

子曰：「加我數年，五十以學《易》，可以無大過矣。」

臣聞之師程頤曰：「古之傳《易》，如《八索》之類，皆有過也，所以易道未明。聖人有作，易道明矣。」曰「大過」，曰「加我數年」，皆謙辭也。

子所雅言，《詩》、《書》、執禮，皆雅言也。

雅者，正也。惟正可以爲常，故雅亦素也。雅言者，所常言也。孔子常言，必明以《詩》《書》，或執以禮，弟子因其語，學《易》而類記。

葉公問孔子於子路，子路不對。子曰：「女奚不曰，其爲人也，發憤忘食，樂以忘憂，不知老之將至云爾。」

子路不對葉公，以形容之難也。孔子所以語之，蓋不自居其聖者而已。

子曰：「我非生而知之者，好古，敏以求之者也。」

孔子以生知之聖，每云好學者，非爲勉人也，蓋生而可知者義理耳，若夫禮樂名物，必待學而後能也。

子不語怪，力，亂，神。

怪異、勇力、悖亂、鬼神之事皆不語，恐惑人也。

子曰：「三人行，必有我師焉，擇其善者而從之，其不善者而改之。」

見賢思齊，見不賢而内自省，則善不善者皆我之師，進善其有窮乎！

子曰：「天生德於予，桓魋其如予何？」

天其或者生德於予，則宋司馬其如我何？聖人安命故也。

子曰：「二三子以我爲隱乎？吾無隱乎爾。吾無行而不與二三子者，是丘也。」

聖人作、止、語、默，無非教也。恐弟子不能窺識，故曰無隱爾。

子以四教：文，行，忠，信。

四者皆可以入德。

子曰：「聖人，吾不得而見之矣；得見君子者，斯可矣。」子曰：「善人，吾不得而見之矣；得見有恒者，斯可矣。亡而爲有，虛而爲盈，約而爲泰，難乎有恒矣。」

猶言不得中行而與之，思其次也。

子釣而不綱，弋不射宿。

釣而不綱，不欲盡物也。弋不射宿，不欲暴物也。惟是心以往，其大者可知。

子曰：「蓋有不知而作之者，我無是。多聞，擇其善者而從之；多見而識之；知之次也。」

事必知其道而後可作，蓋不知其道而作之者，妄也，故孔子曰「我無是也」。雖未知其道，若能擇善者而從之，其不善者而改之，次欲知其道者也。

互鄉難與言。童子見，門人惑。子曰：「與其進也，不與其退也，唯何甚？人潔己以進，與其潔也，不保其往也。」

互鄉之人習於不善，難與言善者也。童子見，門人惑，故夫子曰與其進之志善，不與其退而不善也。若拒絕之，則已甚矣。人潔己以來，當其潔也，安可保其往也。

子曰：「仁遠乎哉？我欲仁，斯仁至矣。」

爲人由己，欲之則至，何遠之有。

陳司敗問昭公知禮乎？孔子曰：「知禮。」孔子退，揖巫馬期而進之，曰：「吾聞君子不黨，君子亦黨乎？君取於吴爲同姓，謂之吴孟子。君而知禮，孰不知禮？」巫馬期以告。子曰：「丘也幸，苟有過，人必知之。」

人問國君知禮否乎？對曰「知禮」者，宜也。司敗以孔子爲黨，而陳其事在所不答也。而云「丘也幸，苟有過，人必知之」者，以巫馬期請復命故也。

子與人歌而善，必使反之，而後和之。

此記孔子樂善與人同也。

子曰：「文，莫吾猶人也。躬行君子，則吾未之有得。」

子言：文，則吾莫能過人也；至於躬行君子，則未之見也。

子曰：「若聖與仁〔二〕，則吾豈敢？抑爲之不厭，誨人不倦，則可謂云爾已矣。」公西華曰：「正唯弟子不能學也。」

〔二〕「仁」，底本誤作「人」，據集注本改。

盡仁道即聖也，唯聖人爲能盡仁道。夫子自謙而不敢當，然行之而不厭，誨人而不倦，則智仁備矣。故公西華曰「弟子所不能」者，正以此耳。

子疾病，子路請禱。子曰：「有諸？」子路對曰：「有之，誄曰：『禱爾于上下神祇。』」子曰：「丘之禱久矣。」

禱者，悔過遷善，祈祐於神也。聖人未始有過，無所不善，自求多福而已，何事於禱？

子曰：「奢則不孫，儉則固。與其不孫也，寧固。」

奢儉皆失中也，而奢之失爲大。

子曰：「君子坦蕩蕩，小人長戚戚。」

君子循理，故常舒泰。小人役於物，故常憂戚。

子温而厲，威而不猛，恭而安。

聖人和順積中，英華發外，故温而厲，威而不猛，恭而安。非善觀聖人者，不能形容至此也。

泰伯第八

子曰：「泰伯，其可謂至德也已矣！三以天下讓，民無得而稱焉。」

民無得而名之，夫子謂之至德。臣師程頤曰：「泰伯三遜，不立一也，逃之二也，文身三也。」

子曰：「恭而無禮則勞，慎而無禮則葸，勇而無禮則亂，直而無禮則絞。君子篤於親，則民興於仁；故舊不遺，則民不偷。」

禮者，節文之而已。恭而無禮則不安，故勞。慎而無禮則多懼，故葸。勇而無禮則不順，故亂。直而無禮則好訐，故絞。又曰君子篤於親則民化而仁愛，不遺故舊則民化而篤厚。上之所好，下必有甚焉者也。

曾子有疾，召門弟子曰：「啓予足！啓予手！詩云：『戰戰兢兢，如臨深淵，如履薄冰。』而今而後，吾知免夫！小子！」

父母全而生之，子全而歸之。曾子臨終而啓手足，爲是故也。其言曰「而今而後，吾知免夫」，及其易簀則曰「吾得正而斃焉」，斯已矣。非有得於道者，能如是乎。

曾子有疾，孟敬子問之。曾子言曰：「鳥之將死，其鳴也哀；人之將死，其言也善。君子所貴乎道者三：動容貌，斯遠暴慢矣；正顔色，斯近信矣；出辭氣，斯遠鄙倍矣。籩豆之事，則有司存。」

養於中則見於外，曾子蓋以修己爲爲政之本，若乃器用事物之細，則有司存焉。

曾子曰：「以能問於不能，以多問於寡，有若無，實若虛，犯而不校，昔者吾友嘗從事於斯矣。」

先儒以是爲顔淵其事，非幾於無我者，不能也。

曾子曰：「可以託六尺之孤，可以寄百里之命，臨大節而不可奪也，君子人與？君子人也。」

三者其節操如此，故足以爲君子。

曾子曰：「士，不可以不弘毅，任重而道遠。仁以爲己任，不亦重乎？死而後已，不亦遠乎？」

所養剛大，則能任重而致遠。

子曰：「興於詩，立於禮，成於樂。」

三者，學之序也。詩發乎情性，言近而易知，可以興起其志者也。禮著乎法度，防民之僞而教之中，可以立其身者也，樂，樂之也，樂則安，安則久，久則可以成德矣。

子曰：「民可使由之，不可使知之。」

民可使之由是道，不能使之皆知也。

子曰：「好勇疾貧，亂也。人而不仁，疾之已甚，亂也。」

好勇而不安其分，與不仁而無所容者，皆致亂之道也。

子曰：「如有周公之才之美，使驕且吝，其餘不足觀也已。」

其爲人也驕吝，雖有才美如周公，亦不足觀也。

子曰：「三年學，不至於穀，不易得也。」

三年學而不至於善，豈力不足哉？不能自强故也。不易得者，言難得乎善也。知其難而自强不息，則其至於善也必矣。

子曰：「篤信好學，守死善道。危邦不入，亂邦不居，天下有道則見，無道則隱。邦有道，貧且賤焉，耻也；邦無道，富且貴焉，耻也。」

危邦不入，亂邦不居，則去之矣。或見或隱，皆適其時而已。唯篤信好學，守死善道者能之。若夫聖人，可以仕則仕，可以止則止，可以速則速，可以久則久，其出去就有不待兆見者也。

子曰：「不在其位，不謀其政。」

曾子以爲君子思不出其位，知孔子之意者也。

子曰：「師摯之始，《關雎》之亂，洋洋乎！盈耳哉。」

師摯，魯太師也。其初樂失其次，徒能洋洋盈耳而已。孔子自衛反魯，然後樂正，《雅》《頌》各得其所。

子曰：「狂而不直，侗而不愿，悾悾而不信，吾不知之矣。」

進取者宜直而不直，無知者宜愿而不愿，誠慤者宜信而不信，反其常也。故曰「吾不知之矣」。

子曰：「學如不及，猶恐失之。」

學者常懷不及之心，猶恐失之。雖堯舜禹湯文武仲尼，猶皇皇汲汲，况其下者乎？

子曰：「巍巍乎！舜禹之有天下也，而不與焉。」

聖人無爲而治者也，順乎天理，茂對時育萬物而已。此舜禹所以巍巍乎不可及也。

子曰：「大哉堯之爲君也！巍巍乎！唯天爲大，唯堯則之。蕩蕩乎！民無能名焉。巍巍乎！其有成功也。焕乎！其有文章。」

天道之大，無爲而成，唯堯則之以治天下，故民無得而名焉。所可名者，其功業文章，巍然煥然而已。

舜有臣五人而天下治。武王曰：「予有亂臣十人。」孔子曰：「才難，不其然乎？唐虞之際，於斯爲盛。有婦人焉，九人而已。三分天下有其二，以服事殷，周之德，其可謂至德也已矣。」

舜與武王有天下之得其人止如此，孔子難其才。難，謂才難得也。又曰三分天下周有其二，而猶不失臣節以服事商，此文王所以爲至德。

子曰：「禹，吾無間然矣。菲飲食，而致孝乎鬼神；惡衣服，而致美乎黻冕；卑宮室，而盡力乎溝洫。禹，吾無間然矣。」

禹之貴爲天子，富有天下，其勤儉未嘗爲己也。兩稱吾無間然，深言其無得而間者也。

子罕第九

子罕言利，與命，與仁。

君子以義爲利，計利則害義。窮理盡性，然後至於命。盡人道，然後至於仁。皆難言者也，故罕言。

達巷黨人曰：「大哉孔子！博學而無所成名。」子聞之，謂門弟子曰：「吾何執？執御乎？執射乎？吾執御矣。」

聖人道全而德備，不可以偏長目之也。達巷黨人見孔子之大，意其所學者博，而疑其無所成名，謂不以一善得名於世，蓋慕聖人而不知者也。故孔子曰，欲使我何所執而得爲名乎？然則吾將執御矣。御，藝之下者。

子曰：「麻冕，禮也；今也純，儉。吾從衆。拜下，禮也；今拜乎上，泰也。雖違衆，吾從下。」

聖人處世可見於此，蓋非有意於從違，合乎義而已。

子絶四：毋意，毋必，毋固，毋我。

聖人之絶者，非禁止之辭，蓋無之也。張載曰：「四者或有一焉，則與天地不相似。」

子畏於匡。曰：「文王既没，文不在兹乎？天之將喪斯文也，後死者不得與於斯文也；天之未喪斯文也，匡人其如予何？」

文王既没，而文王所以爲文者，其道固未嘗亡也。孔子以爲己任，故曰「不在兹乎」！然其文之喪與未喪，皆天也，則匡人其如予何？君子之當患難，斷以理而已。

太宰問於子貢曰：「夫子聖者與？何其多能也？」子貢曰：「固天縱之將聖，又多能也。」子聞之，曰：「太宰知我乎！吾少也賤，故多能鄙事。君子多乎哉？不多也！」牢曰：「子云：『吾不試，故藝。』」

君子固有多能者矣，而其所以爲君子者，在乎明道，不在乎多能也。故太宰疑之，曰子果聖人歟？其多能何也？故曰太宰知我乎！吾之多能鄙事，蓋以少也賤故也。而所以爲君子者，實不在乎多能。

子曰：「吾有知乎哉？無知也。有鄙夫問於我，空空如也，我叩其兩端而竭焉。」

聖人之言，上下皆盡。即其近，則衆人皆可與知。極其至，則雖聖人亦無以加焉。是之謂兩端。如答樊遲之問仁，知兩端竭盡無餘藴矣。若夫語上而遺下，語理而遺物，豈聖人之言哉？雖鄙夫之間，亦竭兩端以告之矣。

子曰：「鳳鳥不至，河不出圖，吾已矣夫！」

天下有道，聖人在上，則鳳鳥至，河圖出。孔子傷天下無道，其不見伏羲堯舜之治也，故曰「吾已矣夫」。

子見齊衰者、冕衣裳者與瞽者，見之，雖少必作；過之，必趨。

哀有喪，尊有爵，不欺其不見，皆聖人之誠心，内外一者也。

顔淵喟然嘆曰：「仰之彌高，鑽之彌堅，瞻之在前，忽然〔一〕在後！夫子循循然善誘人，博我以文，約我以禮。欲罷不能，既竭吾才，如有所立卓爾。雖欲從之，末由也已。」

仰之彌高，不可及也。鑽之彌堅，不可入也。瞻之在前，忽然在後，未得乎中而已。然非顔子，則不能知之。以其雖有得，而未得其止也，故欲罷不能。見其卓爾，欲從而未由也已。其未達一間歟？

子疾病，子路使門人爲臣。病間，曰：「久矣哉！由之行詐也，無臣而爲有臣。吾誰欺？欺天乎？且予〔二〕與其死於臣之手也，無寧死於二三子之手乎？且予縱不得大葬，予死於道路乎？」

〔一〕「然」，集注本作「焉」。

〔二〕「予」，底本脱，據集注本補。

子路以夫子嘗爲大夫，故使門人行家臣之禮焉。孔子惡其不誠，故深責之。

子貢曰：「有美玉於斯，韞匵而藏諸？求善賈而沽諸？」子曰：「沽之哉！沽之哉！我待賈者也！」

子貢以美玉喻夫子，故夫子謂我非不欲也，待其賈可也。自衒而求售，則不可也。

子欲居九夷。或曰：「陋，如之何？」子曰：「君子居之，何陋之有？」

言忠信，行篤敬，雖蠻貊之邦行矣。君子所居則化，何陋之有？是言也，亦乘桴浮海之意也。

子曰：「吾自衛反魯，然後樂正，《雅》《頌》各得其所。」

魯哀公之十一年，孔子自衛歸魯。孔子删《詩》正樂，反魯之年而後治成也。

子曰：「出則事公卿，入則事父兄，喪事不敢不勉，不爲酒困，何有於我哉？」

臣聞師程頤曰：「聖人以身處之，所以俯就而教人也。使夫資之下者，可以勉思而企及；其才之高者，不敢忽乎近也。」

子在川上，曰：「逝者如斯夫！不舍晝夜。」

臣聞師程頤曰：「此言道體也。天運而不已，日往則月來，寒往則暑來，水流而不息，物生而不窮，可窺而易見者，莫如川流。君子法之，自強不息。及其至也，純亦不已焉。」

子曰：「吾未見好德如好色者也。」

使好德如好色，惡不善如惡惡臭，何患乎學之不至也？

子曰：「譬如爲山，未成一簣，止，吾止也；譬如平地，雖覆一簣，進，吾往也。」

爲學者譬如爲山，雖一簣之未至，猶未成也。孟子謂掘井九仞而不及泉，猶爲棄井，亦此意也。

子曰：「語之而不惰者，其回也與！」

子謂顏淵，曰：「惜乎！吾見其進也，未見其止也。」

語之而心解力行，造次顛沛未嘗違之，是不惰也。惜乎！吾見其進也，未見其所止，孔子所以嘆之云。

子曰：「苗而不秀者有矣夫！秀而不實者有矣夫！」

五穀之生，苗而不秀者有之，秀而不實者有之。然苗必至於實，然後可。君子之於學亦然，是固惡夫畫也。孟子曰：「夫仁，亦在乎熟之而已矣。」

子曰：「後生可畏，焉知來者之不如今也？四十、五十而無聞焉，斯亦不足畏也已。」

少而不勉，老而無聞，則亦已矣。自少而進者，安知其不至於極乎？是可畏也。

子曰：「法語之言，能無從乎？改之爲貴。巽與之言，能無説乎？繹之爲貴。説而不繹，從而不改，吾末如之何也已矣。」

法言者，正言之也。巽言者，婉而導之也。不背其言，不若遂改其事。喜説其説，不若尋繹其意。

子曰：「主忠信，毋友不如己者。過，則勿憚改。」

子曰：「三軍可奪帥也，匹夫不可奪志也。」

人有志，則孰能奪之也。

子曰：「衣敝緼袍，與衣狐貉者立，而不耻者，其由也與？『不忮不求，何用不臧？』」子路終身誦之。子曰：「是道也，何足以臧？」

衣敝緼袍與衣美服者立，而不以爲耻者，有守者之所能也，故孔子善之。子路誦「不忮不求」之言以爲至善，故孔子又曰「何足以臧」，所以進之也。

子曰：「歲寒，然後知松柏之後彫也。」

臨利害，然後知所守者也。

子曰：「知者不惑，仁者不憂，勇者不懼。」

明，故無所惑。安，故無所憂。決，故無所懼也。

子曰：「可與共學，未可與適道；可與適道，未可與立；可與立，未可與權。」「唐棣之華，偏其反而。豈不爾思？室是遠而。」子曰：「未之思也，夫何遠之有？」

孟子有言：「執中無權，猶執一也。」權也者，權量以歸之至當，猶衡有權，非世所謂變詐之術也。唐棣之華，一偏而一反如權，則必合於道，故曰「夫何遠之有」。

鄉黨第十

甚矣，孔門弟子之嗜學也！於聖人之容色言動，無不謹書而備録之，以貽後世。今讀其言，即其事，宛然如聖人之在目也。雖然，聖人豈拘拘而爲之者哉？蓋盛德之至，動容周旋自中乎禮耳。學者欲潛心於聖人，宜於此求焉。

孔子於鄉黨，恂恂如也，似不能言者。其在宗廟朝廷，便便言，唯謹爾。

恂恂，恭温之貌。便便，辨也。

朝，與下大夫言，侃侃如也；與上大夫言，誾誾如也。君在，踧踖如也，與與如也。

侃侃，和樂也。誾誾，中正也。踧踖，行而恭也。與與，威儀中適也。

君召使擯，色勃如也，足躩如也。揖所與立，左右手。衣前後，襜如也。趨進，翼如也。賓退，必復命，曰："賓不顧矣。"

勃，色變也。躩，盤辟之貌。襜如者，揖左右，衣之容也。翼，謂張翼而翔。

入公門，鞠躬如也，如不容。立不中門，行不履閾。過位，色勃如也，足躩如也，其言似不足者。攝齊升堂，鞠躬如也，屏氣似不息者。出，降一等，逞顔色，怡怡如也。没階趨，翼如也。復其位，踧踖如也。

入公門，曲斂其身，如無所容也。過位，過君之虚位也。其言似不足者，下氣怡聲，如言不能足也。攝齊摳衣，升堂則屏氣，似不能息。出降下階，則顔色通舒，没階盡也。復其位，其行列也。

執圭，鞠躬如也，如不勝。上如揖，下如授，勃如戰色，足蹜蹜，如有循。享禮，有容色。私覿，愉愉如也。

曲斂其身，如不勝。曲斂，慎之至也。上堂如揖，其貌恭也。下堂如授，其容舒也。足蹜蹜，如有循，謂舉前曳踵而行，有如所循也。享禮有容色，享燕賓主之間，太莊則情不通也。私覿，則人和説矣。

君子不以紺緅飾，紅紫不以爲褻服。當暑，袗絺綌，必表而出之。緇衣羔裘，素衣麑裘，黄衣狐裘。褻裘長。短右袂。必有寢衣，長一身有半。狐貉之厚以居。去喪，無所不佩。非帷裳，必殺之。羔裘玄冠不以弔。吉月，必朝服而朝。

紺色近於齊服，緅色近於喪服，飾且不爲，則不爲朝祭之服可知。紅紫非正色，褻服且不以間色，則公會之服必用正色，可知也。袗，單也。絺，謂細葛。綌，麤者也。表，上衣也。衣所以覆裘，故其色如之。裘長欲其温體，袂短以便事。寢衣，今之被也。臣師程頤曰：「疑上文當連齊而言，故曰必有。」居，家居也。佩，玉佩也。君子無故，玉不去身。居喪無飾，故不佩。去喪，則復佩也。唯帷裳不殺，弔必變服。此孔子

致仕居魯時也。〔二〕

齊，必有明衣，布。齊，必變食，居必遷坐。

先儒謂浴衣也。齊所以致精明之德，變食以養氣，遷坐以致思。〔三〕

食不厭精，膾不厭細。食饐而餲，魚餒而肉敗，不食。色惡不食，臭惡不食。失飪不食，不時不食。割不正不食，不得其醬不食。肉雖多，不使勝食氣。惟酒無量，不及亂。沽酒市脯不食。不撤薑食。不多食。祭於公，不宿肉。祭肉，不出三日。出三日，不食之矣。食不語，寢不言。雖疏食菜羹，瓜祭，必齊如也。

食欲精，膾欲細，非窮口腹之欲，蓋養氣體當如此也。饐，飯傷熱濕也。餲，味變也。魚爛曰餒，肉腐曰敗。飪，熟也，失飪謂失生熟之節也。不時謂非食時也。折解牲體，禮有正數。醬謂醯醢，各有其宜。故割不正、不得其醬，皆所不食。先儒謂飲食事皆因齊而言，故其説不撤薑食，則曰齊禁葷物，薑辛而不臭，故不去。若葷辛者，則去之也。然則今之養生者，凡葷物皆所忌食，非獨齊也。不多食，飲食貴節也。公，公家。神惠欲速及人，故不宿肉。祭肉不出三日，謂自祭也。三日則肉必敗，人或惡之，是褻鬼神之餘也。先儒謂

〔二〕以上各句注解原分别係於本節正文各句之下，此按前文體例，一併附於本節正文之後。

〔三〕以上各句注解原分别係於本節正文各句之下，此按前文體例，一併附於本節正文之後。

答述曰語，自言曰言，飲食必祭，無德不報也，不以物薄而忘本廢敬。〔一〕

席不正，不坐。

君子無非正也，以正養其外，所以養其内也。

鄉人飲酒，杖者出，斯出矣。鄉人儺，朝服而立於阼階。

鄉黨尚齒。儺者，驅厲氣。朝服而立於阼階，存室神也。〔二〕

問人於他邦，再拜〔三〕而送之。

聖人誠意，無所不在，故再拜而送之，以致恭也。

康子饋藥，拜而受之，曰：「丘未達，不敢嘗。」

欽人慎己故也。

廄焚。子退朝，曰：「傷人乎？」不問馬。

〔一〕以上各句注解原分别係於本節正文各句之下，此按前文體例，一併附於本節正文之後。

〔二〕以上各句注解原分别係於本節正文各句之下，此按前文體例，一併附於本節正文之後。

〔三〕「再拜」，底本誤作「再邦」，據集注本改。

貴人賤畜，理當然也。君子親親而仁民，仁民而愛物之意。

君賜食，必正席先嘗之。君賜腥，必熟而薦之。君賜生，必畜之。侍食於君，君祭，先飯。疾，君視之，東首，加朝服，拖紳。君命召，不俟駕行矣。

正席先嘗，敬君之惠也。熟而薦之於先祖，畜之以待供祭祀，皆所以榮君之惠也。先飯若爲君嘗食，然不敢當客禮也。東首，君面南向也。加朝服拖紳，如朝服以朝也。不俟駕，急趨命也，如父召無諾之意。[二]

入太廟，每事問。

欽慎之至。

朋友死，無所歸，曰：「於我殯。」朋友之饋，雖車馬，非祭肉，不拜。

朋友，以義合者也。死無所歸，故不得不殯。有通財之義，故雖車馬不拜。於祭肉則拜者，欽神之惠者也。

寢不尸，居不容。見齊衰者，雖狎必變。見冕者與瞽者，雖褻必以貌。凶服者，式之。式負版者。有盛饌，必變色而作。迅雷風烈必變。升車，必正立執綏。車中，不内顧，不疾言，不親指。

[二] 以上各句注解原分别係於本節正文各句之下，此按前文體例，一併附於本節正文之後。

寢不尸，雖舒其體而不肆。居不容，非惰也，如申申夭夭是也。夫子見此三者，每如此，則聖人之誠可知，門人所以重記之。此在車之容也。式者，車上横木。有所欽則俯而憑之，故曰式也。式凶服者，重有喪也。式負版者，重民籍也，敬主人之禮也。變色而作者，敬之節也。畏天威也，《易》震卦象曰：「洊雷震，君子以恐懼脩省。」蓋此意也。綏者，挽以上車，執之所以爲安也。三者惑衆者也。車中之容如此。〔二〕

色斯舉矣，翔而後集。曰：「山梁雌雉，時哉！時哉！」子路共之，三嗅而作。

聖人難進易退，見幾而作，此其常也。聖人之嘆雉在山而得其時，而人不得其時。子路以爲時物而共之，非其意，故三嗅而作也。〔三〕

〔二〕以上各句注解原分别係於本節正文各句之下，此按前文體例，一併附於本節正文之後。

〔三〕以上各句注解原分别係於本節正文各句之下，此按前文體例，一併附於本節正文之後。

先進第十一

子曰：「先進於禮樂，野人也；後進於禮樂，君子也。如用之，則吾從先進。」

君子野人者，據當時而言。當時謂之野人，是文質相稱者也。當時謂之君子，則過乎史者也。是以不從後進而從先進，蓋時文弊已甚，仲尼欲救之云耳。

子曰：「從我於陳、蔡者，皆不及門也。」德行：顏淵、閔子騫、冉伯牛、仲弓。言語：宰我、子貢。政事：冉有、季路。文學：子游、子夏。

顏淵已下，從孔子於陳、蔡之間者，時皆不在夫子之門，故思其人而言。曰德行有顏淵、閔子騫、冉伯牛、仲弓，言語有宰我、子貢，政事有冉有、季路，文學有子游、子夏。

子曰：「回也非助我者也，於吾言無所不說。」

疑則問焉。回於聖人之言，心通默識，故説而無問難也。助者，猶起予也。

子曰：「孝哉閔子騫！人不間於其父母昆弟之言。」

父母昆弟之間，人無間言，閔子之行可謂至矣。

南容三復白圭，孔子以其兄之子妻之。

《詩》云：「白圭之玷，尚可磨也。斯言之玷，不可爲也。」南容讀此而三復焉，則其慎言可知。慎於言，則其行可知。此所以邦有道不廢，邦無道免於刑戮。故孔子以其兄之子妻之。

季康子問：「弟子孰爲好學？」孔子對曰：「有顔回者好學，不幸短命死矣！今也則亡。」

不遷怒，不貳過，如顔子者，可謂好學也已矣。

顔淵死，顔路請子之車以爲之槨。子曰：「才不才，亦各言其子也。鯉也死，有棺而無槨。吾不徒行以爲之槨，以吾從大夫之後，不可徒行也。」

送死之具，稱其有無而已。孔子言鯉之才固不可以並顔子，然吾視子之心猶顔路之視淵也。若鯉之死，有棺而無槨，亦以從大夫之後，不可徒行故也。使其有餘也，雖舊館人之喪，有爲脱驂者矣。

顔淵死，子曰：「噫！天喪予！天喪予！」

顔淵死，子哭之慟。從者曰：「子慟矣。」曰：「有慟乎？非夫人之爲慟而誰爲！」

孔子於顔淵之死，自傷道之無傳〔一〕，若天之喪己，而重惜之。曰「有慟乎」，哀傷之至，不自知其慟也。

顔淵死，門人欲厚葬之，子曰：「不可。」門人厚葬之。子曰：「回也視予猶父也，予不得視猶子也。非我也，夫二三子也。」

喪具稱家之有無，顔淵貧而門人厚葬之，非也。回之於孔子，猶父也，以顔路而不得專其事，歎不如葬鯉之得宜也。

季路問事鬼神。子曰：「未能事人，焉能事鬼？」敢問死？曰：「未知生，焉知死？」

能事〔二〕人則能事鬼，知生則知死，蓋一理也，所以深告子路。或以爲學不躐等，失其義矣〔三〕。

閔子侍側，誾誾如也；子路，行行如也；冉有、子貢，侃侃如也。子樂。「若由也，不得其死然。」

四子之容，有諸中而見乎外者也。各盡其誠，略無僞飾，夫子所以樂之。子路剛强，有不得死之理也，故因〔四〕以戒之云爾。

〔一〕「道之無傳」，底本作「道無之傳」，據朱子本改。
〔二〕「事」，底本誤作「死」，據集注本改。
〔三〕「義矣」，底本誤倒作「矣義」，據集注本改。
〔四〕「因」，底本誤作「固」，據朱子本改。

魯人爲長府。閔子騫曰：「仍舊貫，如之何？何必改作！」子曰：「夫人不言，言必有中。」

先儒謂長府者，藏財貨之府也。言必有中，善閔子言之當理也。

子曰：「由之瑟，奚爲於丘之門？」門人不敬子路。子曰：「由也升堂矣，未入於室也！」

由之於道，未能和順而已。門人遂有不敬之意矣。子所以釋之。

子貢問：「師與商也孰賢？」子曰：「師也過，商也不及。」曰：「然則師愈與？」子曰：「過猶不及。」

中庸之爲德也，其至矣乎？夫過與不及，均也。差之毫釐，謬以千里。故聖人之教人，抑其過，引其不及，歸於中道而已。

季氏富於周公，而求也爲之聚斂而附益之。子曰：「非吾徒也，小子鳴鼓而攻之可也！」

「與其有聚斂之臣，寧有盜臣。」此聖人所深惡也。夫季氏，魯卿〔一〕也，而富於周公。冉有無能改於其德，復附益之。鳴鼓而攻之，以罪大而深責之也。

柴也愚，參也魯，師也辟，由也喭。

〔一〕「卿」，底本誤作「鄉」，據朱子本改。

四子之才，各有所偏，知其偏，則有以教之也。然而曾子之才魯，故其爲學也確。所以能深造乎道者，以其魯也。

子曰：「回也其庶乎？屢空。賜不受命，而貨殖焉，億則屢中。」

顔子簞食瓢飲，不以其累心，空心而受其道也。貧富有命焉，子貢之初猶役心於貨殖，苟以貨殖累其心，是不受命也。其言之屢中者，億度而中耳，非夫子之所尚也。

子張問善人之道。子曰：「不踐迹，亦不入於室。」

所謂善人之道，不爲不善者也〔一〕。不至於循轍而爲非〔二〕，亦不能深造而至遠奧也。

子曰：「論篤是於〔三〕，君子者乎？色莊者乎？」

若以言論之篤而與之，與其爲君子者乎？與其爲色莊者乎？

子路問：「聞斯行諸者〔四〕？」子曰：「有父兄在，如之何其聞斯行之？」冉有問：「聞斯行

〔一〕「不爲不善者也」，底本作「不可爲善者也」，據朱子本改。

〔二〕「非」，底本脱，據朱子本補。

〔三〕「於」，集注本作「與」。

〔四〕集注本無「者」字。

諸？」子曰：「聞斯行之！」公西華曰：「由也問『聞斯行諸〔一〕』，子曰『有父兄在』；求也問『聞斯行諸』，子曰『聞斯行之』。赤也惑，敢問〔二〕。」子曰：「求也退，故進之；由也兼人，故退之。」

聖人之爲教，各救其所偏而已，孟子所謂成德達才者是也。

子畏於匡，顏淵後。子曰：「吾以女爲死矣！」曰：「子在，回何敢死？」

臣聞師程頤曰：「死當爲先，傳寫誤也。回何敢先，於理爲順。」

季子然問：「仲由、冉求可謂大臣與？」子曰：「吾以子爲異之問，曾由與求之問。所謂大臣者，以道事君，不可則止。今由與求也，可謂具臣矣。」曰：「然則從之者與？」子曰：「弑父與君，亦不從也。」

季氏執國命，仲由、冉求仕〔三〕其家而不能正也。如〔四〕其不可而不能止也，可謂備數之臣而已。季氏有無君之心，自多得其人，意其可使從己也。故又曰若弑逆之惡，必不從也。

〔一〕「諸」，底本作「之」，據集注本改。
〔二〕「問」，底本作「聞」，據朱子本改。
〔三〕「仕」，底本作「任」，據集注本改。
〔四〕「知」，底本作「如」，據朱子本改。

子路使子羔爲費宰。子曰：「賊夫人之子！」子路曰：「有民人焉，有社稷焉，何必讀書，然後爲學？」子曰：「是故惡夫佞者。」

子羔學未至而使之治人，是賊夫子羔也。學固有不待讀書者矣，然豈子羔所能及哉！子路必爲之辭，故夫子惡其口給也。

子路、曾〔二〕晳、冉有、公西華侍坐。子曰：「以吾一日長乎爾，毋吾以也。居則曰：『不吾知也！』如或知爾，則何以哉？」子路率爾而對曰：「千乘之國，攝乎大國之間，加之以師旅，因之以饑饉，由也爲之，比及三年，可使有勇，且知方也。」夫子哂之。「求，爾何如？」對曰：「方六七十，如五六十，求也爲之，比及三年，可使足民。如其禮樂，以俟君子。」「赤，爾何如？」對曰：「非曰能之，願學焉。宗廟之事，如會同，端章甫，願爲小相焉。」「點，爾何如？」鼓瑟希，鏗爾，舍瑟而作。對曰：「異乎三子者之撰。」子曰：「何傷乎？亦各言其志也。」曰：「暮春者，春服既成，冠者五六人，童子六七人，浴乎沂，風乎舞雩，詠而歸。」夫子喟然歎曰：「吾與點也！」三子者出，曾晳後。曾晳曰：「夫三子之言何如？」子曰：「亦各言其志也已矣。」曰：「夫子何哂由也？」曰：「爲國以禮，其言不讓，是故哂之。」「唯求則非邦也與？」「安見方六七十，如五六十，而非邦也者？」「唯赤

〔二〕「曾」，底本誤作「魯」，據集注本改。

則非邦也與？」「宗廟會同，非諸侯而何？赤也爲之小，孰能爲之大？」

子路可使治千乘之賦，冉有可爲百乘之宰，公西華可與賓客言，孔子固已知之矣，今使之言志者，豈徒欲較其事業？亦以觀其自得之深淺，可推於人者厚〔一〕薄故也。三子者競言其所能，故夫子不與之。至若曾晳，則異乎三子者之撰，方且鼓瑟希，鏗爾，舍瑟而作對，以浴乎沂水之上，風涼於舞雩之下，吟詠情性以歸，非深有所得於中者，其志能於是乎〔二〕？故夫子歎美而與之也。如點之志，歎聖人何以異哉？然點〔三〕狂者也，言之則是矣，行之則有不掩焉。

〔一〕「厚」，底本誤作「原」，據朱子本改。
〔二〕「其志能於是乎」，朱子本引尹氏語作「其能志於是乎」。
〔三〕「點」，底本誤作「默」，據朱子本改。

顔淵第十二

顔淵問仁。子曰：「克己復禮爲仁。一日克己復禮，天下歸仁焉。爲仁由己，而由人乎哉？」顔淵曰：「請問其目。」子曰：「非禮勿視，非禮勿聽，非禮勿言，非禮勿動。」顔淵曰：「回雖不敏，請事斯語矣！」

弟子問仁者多矣，唯對顔子爲盡。問何以至于仁，曰復禮則仁矣。禮者，理也。去私欲則復天理〔一〕，復天理者仁也。禮不可以徒復〔二〕，唯能克己，所以復也。又問克己之目，語以視、聽、言、動者，夫然則爲仁在内，何事於外乎？蓋難勝莫如己私，由乎中而應乎外，制其外所以養其中。視、聽、言、動必以理，而其心不正者，未之有也。是之謂復天理〔三〕。顔子請事斯言而進乎聖人，它弟子所不能及也。

〔一〕「理」，底本誤作「禮」，據朱子本改。
〔二〕「復」，底本脱，據朱子本補。
〔三〕「理」，底本誤作「禮」，據朱子本改。

仲弓問仁。子曰：「出門如見大賓，使民如承大祭。己所不欲，勿施於人。在邦無怨，在家無怨。」仲弓曰：「雍雖不敏，請事斯語矣！」

敬以直内，爲仁之要也。恕者，敬之及物也。敬則不私，不敬則多欲，故寡欲則至於仁矣，蓋言無時不敬也。出門、使民，接於事者也。見乎外者由乎中，非謂接於事方敬也。夫子懼仲弓之未喻，故又曰「在邦無怨，在家無怨」，仁者能之。

司馬牛問仁。子曰：「仁者，其言也訒。」曰：「其言也訒，斯謂之仁已乎？」子曰：「爲之難，言之得無訒乎？」

仁者，難〔一〕言之也。非以難言爲仁也，謂言之猶難，况爲之乎？知爲仁〔二〕之難而不敢易，則庶乎近仁矣。

司馬牛問君子。子曰：「不憂不懼。」曰：「不憂不懼〔三〕，斯謂之君子已乎？」子曰：「内省不疚，夫何憂何懼？」

夫子教人入德也，能内省不疚，而後可安。

〔一〕「難」，底本誤作「歎」，據集注本改。
〔二〕「仁」，底本誤作「人」，據集注本改。
〔三〕「不憂不懼」，底本作「不懼不憂」，據集注本改。

司馬牛憂，曰：「人皆有兄弟，我獨亡。」子夏曰：「商聞之矣：死生有命，富貴在天。君子敬而無失，與人恭而有禮，四海之内，皆兄弟也。君子何患乎無兄弟也？」

先儒謂牛即魋之弟，以其兄之惡，死亡無日，憂其無兄弟也，故子夏以天命解其憂。夫死生有命，則當知命也。富貴在天，則當樂天。知命樂天而操恭敬之心以行乎世，則人皆如兄弟矣。

子張問明。子曰：「浸潤之譖，膚受之愬，不行焉，可謂明也已矣。浸潤之譖，膚受之愬，不行焉，可謂遠已矣。」

浸潤，言其漸也。膚受，言其微也。善譖愬者，必以微漸，此其所以難辨而易信從也。受譖愬者，必偏暗而隘迫。能察譖愬而不行，可謂明矣。明察不足盡其美，可謂明識遠到矣。堯之畏巧言，舜之聖〔一〕讒説〔二〕，皆欲絶譖愬故也。

子貢問政。子曰：「足食，足兵，民信之矣。」子貢曰：「必不得已而去，於斯三者何先？」曰：「去兵。」子貢曰：「必不得已而去，於斯二者何先？」曰：「去食。自古〔三〕皆有死，民無信不立。」

爲政之務有三：食也，兵也，信也，而三者以信爲主。苟無信也，雖有粟，安得而食？雖有兵，安得而

〔一〕「聖」，底本誤作「聖」，據朱子本改。

〔二〕「説」，底本誤作「讒」，據朱子本改。

〔三〕「古」，底本誤作「故」，據集注本改。

用？民無信不立，信有重於死也。非子貢之問，孔子之答，不能盡斯理也。

棘子成曰：「君子質而已矣，何以文爲？」子貢曰：「惜乎！夫子之説，君子也。駟不及舌！文猶質也，質猶文也。虎豹之鞟，猶犬羊之鞟。」

有質于内，則文見乎外，文不能去也。子貢曰「惜乎！夫子之説，君子也。駟不及舌」者，惜棘子成失言故也。虎豹之鞟猶犬羊之鞟，諭文之不可去也。

哀公問於有若曰：「年饑，用不足，如之何？」有若對曰：「盍徹乎！」曰：「二，吾猶不足，如之何其徹也？」對曰：「百姓〔一〕足，君孰與不足？百姓不足，君孰與足？」

周法，什一而税謂之徹。有若以正對也。哀公意在厚斂，故有若深言不足之本，曰百姓足，則是君足矣。百姓凍餒，則君將安取而足哉？

子張問崇德、辨惑。子曰：「主忠信，徙〔二〕義，崇德也。愛之欲其生，惡之欲〔三〕其死，既欲其生，又欲其死，是惑也。『誠不以富，亦祇以異。』」

〔一〕「姓」，底本誤作「性」，據集注本改。
〔二〕「徙」，底本誤作「徒」，據集注本改。
〔三〕「欲」，底本誤作「忠」，據集注本改。

學以忠信爲主而徙於義，則崇德矣。不使愛惡汩於心〔一〕，則其惑判然矣。臣師程頤〔二〕曰：「『誠不以富，亦祇以異』，簡編之差也。」疑在齊景公有馬千駟之下。

齊景公問政於孔子。孔子對曰：「君君，臣臣，父父，子子。」公曰：「善哉！信如君不君，臣不臣，父不父，子不子，雖有粟，吾得而食諸？」

齊無君臣父子之禮，故以是對之。惜乎！景公善之而不能用也。

子曰：「片言可以折獄者，由也與？」子路無宿諾。

小邾射以句繹奔魯〔三〕，曰：「使季路要我，吾無盟矣。」小邾不信千乘之國，而信子路之言，子路之見信於之人也，可知矣。一〔四〕言而折獄者，信在言前，人自信之故也。又曰子路不預諾，所以全其信也。

子曰：「聽訟，吾猶人也，必也使無訟乎！」

聽訟，得其當治之末也。使之無訟，則教化存焉。

〔一〕「不使愛惡汩於心」，底本誤作「不愛使惡汩於心」，據朱子本改。
〔二〕「頤」，底本誤作「順」，據朱子本改。
〔三〕「小邾射以句繹奔魯」，底本誤作「小邾繹奔魯」，據朱子本改。
〔四〕「一」，底本脱，據朱子本補。

子張問政。子曰：「居之無倦，行之以忠。」

子張之學誠不篤，故夫子因其問而告之。

子曰：「博學於文，約之以禮，亦可以弗畔矣夫！」

子曰：「君子成人之美，不成人之惡。小人反是。」

小人之私，唯惡人之勝己也。

季康子問政於孔子。孔子對曰：「政者，正也。子帥以正，孰敢不正？」

未有不正也而能正人者也，故曰其身正，不令而行。

季康子患盜，問於孔子。孔子對曰：「苟子之不欲，雖賞之不竊。」

欲生於不足，不足故爲盜，足則不欲矣。今有子不欲之物，雖賞使盜，必不取也。故爲政本乎足民，以在我者化民，深知爲政者也。

季康子問政於孔子曰：「如殺無道，以就有道，何如？」子曰：「子爲政，焉用殺？子欲善，而民善矣。君子之德風，小人之德草，草上之風，必偃。」

殺之爲言，豈爲人上者之語哉！以身教者從，以言教者訟，而況於殺乎？

子張問：「士何如斯可謂之達矣？」子曰：「何哉，爾所謂達者？」子張對曰：「在邦必聞，在家必聞。」子曰：「是聞也，非達也。夫達也者，質直而好義，察言而觀色，慮以下人。在邦必達，在家必達〔二〕。夫聞也者，色取仁而行違，居之不疑。在邦必聞，在家必聞。」

子張之學，病在乎不務實，故以聞爲達，務名者也。孔子明告之曰：所謂達者，立志質直務歸乎義，察言觀色而審於去就，慮以下人而不自務高，皆篤實之事，充乎內而發乎外，斯可謂之達矣。當是時也，門人親受聖人之教，而其差失有如此者，况後世哉！

樊遲從遊於舞雩之下，曰：「敢問崇德、脩慝、辨惑？」子曰：「善哉問！先事後得，非崇德與？攻其惡，無攻人之惡，非脩慝與？一朝之忿，忘其身以及其親，非惑與？」

臨事而不計利，德斯崇矣。有過能自訟，慝斯脩矣。知一朝之忿，可以忘身及親而不能懲之者，是惑也。惑之大莫甚於此。辨之於微，則善矣。

樊遲問仁。子曰：「愛〔三〕人。」問知。子曰：「知人。」樊遲未達。子曰：「舉直錯諸枉，能使枉者直。」樊遲退，見子夏曰：「鄉也吾見於夫子而問知，子曰『舉直錯諸枉，能使枉者直』，何謂也？」

〔二〕「達」，底本誤作「遠」，據集注本改。
〔三〕「愛」，底本誤作「受」，據集注本改。

子夏曰：「富哉言乎！舜有天下，選於衆，舉皋陶，不仁者遠矣。湯有天下，選於衆，舉伊尹，不仁者遠〔一〕矣。」

學者之問也，不獨欲聞其説，又必欲知其方；不獨欲知其方，又必欲爲其事。如樊遲之問仁、問知也。愛〔二〕人，仁者之事也。知人，知者之事也。孔子告人，未有不盡者也。樊遲未達，故又以「舉直錯諸枉，能使枉者直」告之。樊遲聞其説，而猶未知所以爲之者何也，故退而問諸子夏。子夏告以舜舉皋陶，湯舉伊尹，然後知其所以爲之矣。使其未喻，必將復問也。既問諸師，又辨諸友，當是時學者之務實也如是。

子貢問友。子曰：「忠告而善道之，不可則止，無〔三〕自辱焉。」

友所以輔德，故必忠告而善道之。以其義合也，故不可則止。

曾子曰：「君子以文會友，以友輔仁。」

輔仁不可以無友，會友貴在乎以文也。

〔一〕「者遠」，底本誤作「遠者」，據集注本改。
〔二〕「愛」，底本誤作「受」，據集注本改。
〔三〕「無」，底本作「毋」，據集注本改。

子路第十三

子路問政。子曰：「先之，勞之。」請益。曰：「無倦。」

以身先之，而後勞之。季路疑其未盡爲政之道而請焉，故益之以無倦。

仲弓爲季氏宰，問政。子曰：「先有司，赦小過，舉賢才。」曰：「焉知賢才而舉之？」曰：「舉爾所知。爾所不知，人其舍諸？」

先有司，則以可責成事於下。赦小過，則不求備於人。舉賢才，則賢者進而不肖者退。爲政之道，孰要於此？雖治天下，亦可矣，豈特爲季氏宰而已？

子路曰：「衛君待子而爲政，子將奚先？」子曰：「必也正名乎！」子路曰：「有是哉？子之迂也！奚其正？」子曰：「野哉由也！君子於其所不知，蓋闕如也。名不正，則言不順；言不順，則事不成；事不成，則禮樂不興；禮樂不興，則刑罰不中；刑罰不中，則民無所措〔一〕手足。故君子名之必可言也，言之必可行也。君子於其言，無所苟而已矣。」

名不正，則實將從之。君君臣臣，父父子子，各能盡其道，斯謂之名正。名正，則分實立〔二〕，故言順而事可成。否則，事失其序，物失其和，是以禮樂不興，至於刑罰不中，民無所措手足。衛君自人倫至於事物名皆不正，孔子極其本而言之，可謂知其要矣。子路反以爲迂，故曰「野哉」。

樊遲請學稼。子曰：「吾不如老農。」請學爲圃。曰：「吾不如老圃。」樊遲出。子曰：「小人哉，樊須也！上好禮，則民莫敢不敬；上好義，則民莫敢不服；上好信，則民莫敢不用情。夫如是，則四方之民襁負其子而至矣，焉用稼？」

孟子曰：「有大人之事，有小人之事。」又曰：「養其大體〔三〕爲大人，養其小體〔四〕爲小人。」樊遲捨禮義而不爲，而請學農圃，故謂之小人。

子曰：「誦《詩》三百，授之以政，不達；使於四方，不能專對；雖多，亦奚以爲？」

〔一〕「措」，底本作「錯」，據集注本改。
〔二〕「則分實立」，朱子本作「則分守立」。
〔三〕「體」，底本誤作「禮」，據朱子本改。
〔四〕「體」，底本誤作「禮」，據朱子本改。

季札聞詩而知國政，則詩者，政之所繫也。不學詩無以言，則學詩者有至乎言也。授之以政，不能通達，又不能善其言，然則誦之雖多，亦何以爲？大抵爲學貴乎有用而已。

子曰：「其身正，不令而行；其身不正，雖令不從。」

「子率以正，孰敢不正」是也。

子曰：「魯衛之政，兄弟也。」

言其政之相若也。

子謂衛公子荆善居室：始有，曰「苟合矣」；少有，曰「苟完矣」；富有，曰「苟美矣」。

衛公子荆，君子也。不以外物爲心，其欲易足，故曰「苟」而已，所以善之也。

子適衛，冉有僕。子曰：「庶矣哉！」冉有曰：「既庶矣，又何加焉？」曰：「富之。」曰〔一〕：「既富矣，又何加焉？」曰：「教之。」

衣食足而知榮辱，故富而後教之。富而不教，則近於禽獸矣。

子曰：「苟有用我者，期月而已可也，三年有成。」

〔一〕「曰」，底本脱，據集注本補。

孔子歎當時莫能用己也。曰苟〔二〕有用我者，期月可以行政教，三年可以成功也。

子曰：「善人爲邦百年，亦可以勝殘去殺矣。誠哉是言也！」

勝殘去殺，人不爲惡而已，善人之功如是。若夫聖人爲天下，則不待於百年，其化民亦不止於不爲惡而已。

子曰：「如有王者，必世而後仁。」

甚矣！仁政之大也。父子相繼爲一世，先儒亦以三十年爲世，雖王者必世而後仁政乃成。禹之功逮於堯、舜之時，湯之仁著于夏桀之世，周至于成、康，仁政乃成也。

子曰：「苟正其身矣，於從政乎何有？不能正其身，如正人何？」

楊雄曰：「政之本，身也。身立，則政立矣。」《大學》曰：「身脩而后家齊，家齊而后國治。」

冉子退朝，子曰：「何晏也？」對曰：「有政。」子曰：「其事也。如有政，雖不吾以，吾其與聞之。」

政者，教也，化也，事事也。冉子以事爲政，故孔子辨之。

〔二〕「苟」，底本誤作「哉」，據集注本改。

定公問：「一言而可以興邦，有諸？」孔子對曰：「言不可以若是其幾也。人之言曰：『爲君難，爲臣不易。』如知爲君之難也，不幾乎一言而興邦乎？」曰：「一言而喪邦，有諸？」孔子對曰：「言不可以若是其幾也。人之言曰：『予無樂乎爲君，唯其言而莫予違也。』如其善而莫之違也，不亦善乎？如不善而莫之違也，不幾乎一言而喪邦乎？」

知爲君之難，則必知欽慎持〔二〕守之道。唯其言而莫予違也，則讒諂面諛之人至矣。邦之興喪，未有不由此二者。於一言而興喪存焉，故曰「幾」。

葉公問政。子曰：「近者說，遠者來。」

近者説之，遠者來之，是謂善政。

子夏爲莒父宰，問政。子曰：「無欲速，無見小利。欲速則不達，見小利則大事不成。」

子夏之病，常在近者、小者，故以是答之也。

葉公語孔子曰：「吾黨有直躬者，其父攘羊而子證之。」孔子曰：「吾黨之直者異於是。父爲子隱，子爲父隱，直〔三〕在其中矣。」

〔二〕「持」，底本誤作「特」，據集注本改。

〔三〕「直」，底本誤作「爲」，據集注本改。

順理爲直。父爲子隱，子爲父隱，所以直在其中矣。

樊遲問仁。子曰：「居處恭，執事敬，與人忠。雖之夷狄，不可棄也。」

「居處恭，執事敬，與人忠」，固皆爲仁之方，君子不可以須臾離者也，豈以夷狄而棄之乎？

子貢問曰：「何如斯可謂之士矣？」子曰：「行己有耻，使於四方，不辱君命，可謂士矣。」曰：「敢問其次。」曰：「宗族稱孝焉，鄉黨稱弟焉。」曰：「敢問其次。」曰：「言必信，行必果，硜硜然小人哉！抑亦可以爲次矣。」曰〔二〕：「今之從政者何如？」子曰：「噫！斗筲之人，何足算也！」

子貢之問，皆欲皎皎之行問於人者。夫子告之，皆篤實自得之事。

子曰：「不得中行而與之，必也狂狷乎？狂者進取，狷者有所不爲也。」

中行，得行中道者也。

子曰：「南人有言曰：『人而無恒，不可以作巫醫。』善夫！」「不恒其德，或承之羞。」子曰：「不占而已矣。」

善夫南人之言也。《易》曰：「不恒其德，或承之羞。」言德行無恒，則或爲羞辱承之。不恒之人，占決亦

〔二〕「曰」，底本脱，據集注本補。

無所據也。

子曰：「君子和而不同，小人同而不和。」

君子尚義，故有不同。小人尚利，安得而和？

子貢問曰：「鄉人皆好之，何如？」子曰：「未可也。」「鄉人皆惡之，何如？」子曰：「未可也。不如鄉人之善者好之，其不善者惡之。」

善者好之，不善者惡之，則其人之善惡可知矣。

子曰：「君子易事而難説也。説之不以道，不説也。及其使人也，器之。小人難事而易説也。説之雖不以道，説也。及其使人也，求備焉。」

君子無意於人説己也，故説之不以道，則不説。小人唯欲人之順己，故説之雖不以道，説也。君子使人器之，不求備於人也，故易事。小人反是。

子曰：「君子泰而不驕，小人驕而不泰。」

泰則不驕，驕則不泰，理固然也。

子曰：「剛毅、木訥，近仁。」

「巧言令色鮮矣仁」，故剛强果毅、木質訥鈍者爲近焉。

子路問曰：「何如斯可謂之士矣？」子曰：「切切、偲偲、怡怡如也，可謂士矣。朋友切切、偲偲，兄弟怡怡。」

切切，責以善也。偲偲，進於德也。朋友之道當然。若兄弟，則主於和順，故曰怡怡。子路剛勇，所不足者中和，故告之以此。

子曰：「善人教民七年，亦可以即戎矣。」

子曰：「以不教民戰，是謂棄之。」

戰，危事也。民不教而使之，是棄之也。孟子曰：「不教民而用之，謂之殃民。」與此同義。

憲問第十四

憲問耻。子曰：「邦有道，穀。邦無道，穀，耻也。」「克、伐、怨、欲不行焉，可以爲仁矣？」子曰：「可以爲難矣，仁則吾不知也。」

邦無道而禄，未免枉其道，是可耻也。原憲甘貧守道，可以語此。克、伐、怨、欲咸無焉，斯可謂之仁矣。徒能不行焉，是有而制之也。以爲難能，則可矣。此聖人開示之切，惜乎原憲不能再問也。〔一〕

子曰：「士而懷居，不足以爲士矣。」

士志於道，何懷居之有哉？

子曰：「邦有道，危言危行；邦無道，危行言孫。」

君子之持身，不可變也。至於言，則有時而不敢盡，以避禍也。爲國者使士言遜，不亦殆哉。

〔一〕以上各句注解原分别係於本節正文各句之下，此按前文體例，一併附於本節正文之後。

子曰：「有德者必有言，有言者不必有德。仁者必有勇，勇者不必有仁。」

有德者必有言，徒能言者未必有德也。安乎仁者志必勇，徒能勇者未必有仁也。

南宮适問於孔子曰：「羿善射，奡盪舟，俱不得其死然。禹稷躬稼，而有天下。」夫子不答，南宮适出。子曰：「君子哉若人！尚德哉若人！」

南宮适以躬行爲事，不貴乎力取，尚德之君子也。夫子之不答者，以其曰有天下，不敢當也。

子曰：「君子而不仁者有矣夫？未有小人而仁者也。」

盡仁道者，聖人之事。君子行仁，或未能盡之，則有矣。至於小人，豈復有仁哉？甚言小人之不仁也。

子曰：「愛之，能勿勞乎？忠焉，能勿誨乎？」

愛其人而欲成之，必勉之以事業。忠其人而欲曉之，必反覆其辭説。

子曰：「爲命：裨諶草創之，世叔討論之，行人子羽修飾之，東里子産潤色之。」

命，政令也。當春秋之時，鄭以區區小國，而能自立大國之間者，得人而善用之故也。況有天下者也？

或問子産。子曰：「惠人也。」問子西。曰：「彼哉！彼哉！」問管仲。曰：「人也，奪伯氏駢邑三百，飯疏食，沒齒無怨言。」

子産卒，仲尼聞之出涕，曰「古之遺愛也」。「彼哉彼哉」，無所取也。誅有罪，而被誅者不怨其政，可知也。

子曰：「貧而無怨難，富而無驕易。」

處富易，處貧難，人之情也。

子曰：「孟公綽爲趙、魏老則優，不可以爲滕、薛大夫。」

老者，有德之稱。大夫，以才治事之任。公綽不欲，故優於趙、魏，而不可於滕、薛。善爲國者，使人各欲當其才而已矣。

子路問成人。子曰：「若臧武仲之知，公綽之不欲，卞莊子之勇，冉求之藝，文之以禮、樂〔一〕，亦可爲成人矣。」曰：「今之成人者何必然？見利思義，見危授命，久要不忘平生之言，亦可以〔二〕爲成人矣。」

孟子曰：「唯聖人，然後可以踐形，能盡夫成人者也。」臧武仲知之明，孟公綽守之篤，卞莊子行之勇，冉求藝之多，兼此四人之長而文之以禮、樂，則亦可以爲成人矣。臨利無苟得，臨難無苟免，言而有信義，此三

〔一〕「樂」，底本脱，據集注本補。
〔二〕「以」，底本脱，据集注本补。

者，又可以爲其次矣。

子問公叔文子於公明賈，曰："信乎？夫子不言，不笑，不取乎？"公明賈對曰："以告者過也。夫子時然後言，人不厭其言；樂然後笑，人不厭其笑；義然後取，人不厭其取。"子曰："其然，豈其然乎？"

如公明賈之言，則是成德之事也。公叔文子未必能至於此，故曰"豈其然乎"，未許之也。

子曰："臧武仲以防求爲後於魯，雖曰不要君，吾不信也。"

武仲出奔邾，自邾如防，使來告曰："苟守先祀無廢，二勳敢不辟邑？"於是魯立臧爲焉。夫據邑而請立，非要君而何？不知義者，將以武仲之存先祀爲賢也，故夫子正之。

子曰："晉文公譎而不正，齊桓公正而不譎。"

程頤曰："晉文公欲率諸侯以朝王也，懼其不能而召王就見之，人見其召王之罪，而不明其欲朝之本心，是以譎而掩其正也。齊桓公本怒蔡姬而侵蔡，懼其不義也，因伐楚而責其職貢，其用心本譎而其所執者正，是以正而掩其譎也。"聖人發其心迹，顯晉文勤王之志，且使後世之君，知所行之不正，則無以明其心，當慎其所行也。

子路曰："桓公殺公子糾，召忽死之，管仲不死。"曰："未仁乎？"子曰："桓公九合諸侯，不以兵車，管仲之力也。如其仁！如其仁！」子貢曰：「管仲非仁者與？桓公殺公子糾，不能死，又相之。」子曰：「管仲相桓公，霸諸侯，一匡天下，民到于今受其賜。微管仲，吾其被髮左衽矣。豈若匹夫匹婦之爲諒也，自經於溝瀆而莫之知也。」

子路以管仲不死子糾之難爲不仁，故子曰不死之不仁，未若九合之仁也。九合者，仁之功也，非以仲爲仁人也。臣師程頤曰：「桓公兄，當立。子糾，弟也，不當争。管仲輔弟以争國，而桓公殺之，仲與之同死，亦可也。知輔之争爲不義，將自勉以期後功，亦可也。」故孔子稱其功，而曰豈若匹夫匹婦之執信，不復知權輕重者哉？《春秋》書桓公之入也，曰「齊小白入于齊」。書魯之納子糾也，曰「公伐齊，納糾」。桓公、子糾之正否，子路、子貢之所知，故夫子之答獨言其可以不死焉。使管仲所輔者正而不死其難，則可謂反覆不忠之士，雖有後功，何足道哉？

公叔文子之臣大夫僎，與文子同升諸公。子聞之，曰：「可以爲文矣。」

臧文仲知展禽之賢而不舉之，孔子謂之竊位。公叔文子舉其家臣，與之竝列，孔子許其文。孟子曰：「不祥之實，蔽賢者當之」。亦猶是也。

子言衛靈公之無道也，康子曰：「夫如是，奚而不喪？」孔子曰：「仲叔圉治賓客，祝鮀治宗廟，王孫賈治軍旅。夫如是，奚其喪？」

衛靈公之無道，宜喪也。而能用此三人焉，猶足以保其國。而况有道之君，能用天下之賢才者乎？

《詩》曰：「無競維人，四方其訓之。」

子曰：「其言之不怍，則爲之也難。」

能爲者不敢輕言，其言之不慚者未必能爲之也。

陳成子弑簡公。孔子沐浴而朝，告於哀公曰：「陳恒弑其君，請討之。」公曰：「告夫三子者。」孔子曰：「以吾從大夫之後，不敢不告也。公〔二〕曰『告夫三子』者。」之三子告，不可。孔子曰：「以吾從大夫之後，不敢不告也。」

孔子雖去位，以其爲大夫也，故有大事，義必告焉。臣師程頤曰：「《左氏》謂孔子欲以魯國之衆，加齊之半，誠如此説，是以力不以義也。」若孔子之志，必將正名其罪，上告天子，下告方伯，請命于周，率與國而討之。至於所以勝齊者，孔子之餘事也，豈計魯人之衆寡哉？當是時，天下之亂極矣，因是足以正之。使孔子得行其志，則天下將知畏而有所不敢，東周其復興乎？魯之君臣終不從之，可深惜哉！

子路問事君。子曰：「勿欺也，而犯之。」

古之事君者，盡誠而不敢犯顔以納忠也。然則不敢犯顔而面欺者，得爲忠乎？

〔二〕「公」，集注本作「君」。

子曰:「君子上達,小人下達。」

達者,達盡事理之謂。

子曰:「古之學者爲己,今之學者爲人。」

學者本於爲己,脩己既至,然後可以推而及人也。爲人而學者,非務本之學也。

蘧伯玉使人於孔子,孔子與之坐而問焉。曰:「夫子何爲?」對曰:「夫子欲寡其過而未能也。」使者出。子曰:「使乎!使乎!」

語謙卑而事美善,稱其主者也。子曰「使乎使乎」,稱其專對之善也。

子曰:「不在其位,不謀其政。」曾子曰:「君子思不出其位。」

曾子之於孔子,可見其志意之同也。

子曰:「君子耻其言而過其行。」

君子貴實行而耻虛言也。

子曰:「君子道者三,我無能焉:仁者不憂,知者不惑,勇者不懼。」子貢曰:「夫子自道也。」

我無能焉,自責以勉人也。故子貢曰,此乃夫子之事也。成德者以仁爲先,故先之以仁者不憂。若夫進學者，則以知爲先。夫子之言其序有不同。

子貢方人。子曰：「賜也賢乎哉？夫我則不暇。」

方人者，比方人之優劣也。固不可謂之惡，然非賢者所急也。故曰：「夫我則不暇。」

子曰：「不患人之不己知，患其不能也。」

反求諸己，不願乎外也。

子曰：「不逆詐，不億不信。抑亦先覺者，是賢乎？」

賢者之於事，不逆詐以測之，不億度而不信之也。然而情僞幾微，無所逃其明，惟能先覺之，是賢也。

微生畝謂孔子曰：「丘何爲是栖栖者與？無乃爲佞乎？」孔子曰：「非敢爲佞也，疾固也。」

栖栖，猶皇皇也。佞，口給也。固，陋也。孔子栖栖者，以疾世之固陋也。微生畝之流，皆與聖人異趨，不知聖人者也。君子之所爲，衆人固不識矣。

子曰：「驥不稱其力，稱其德也。」

驥雖有力，其稱在德。人有才而無德，則亦奚足尚哉！

或曰：「以德報怨，何如？」子曰：「何以報德？以直報怨，以德報德。」

君子之用心，公而已。或怨或德，非有矯飾，盡其情而已。

子曰：「莫我知也夫！」子貢曰：「何爲其莫知子也？」子曰：「不怨天，不尤人，下學而上達。知我者其天乎！」

天人事理，本無二也，下學人事而上達天命。自洒掃應對以至乎窮理盡性，本無二道也。下學而已，聖人何所怨尤乎？而曰「莫我知也夫」？所以發子貢之問也。

公伯寮愬子路於季孫，子服景伯以告，曰：「夫子固有惑志於公伯寮，吾力猶能肆諸市朝。」子曰：「道之將行也與？命也。道之將廢也與？命也。公伯寮其如命何！」

君子於利害之際，安之以命而已矣。

子曰：「賢者辟世，其次辟地，其次辟色，其次辟言。」子曰：「作者七人矣。」

辟世辟地，辟色辟言，雖以大小次第言之，然非有優劣也，所遇不同爾。辟世者，舉世不見知，則隱也。辟地者，不居亂邦也。辟色辟言者，恥於將形也。臣師及張載皆謂伏羲、神農、黄帝、堯、舜、禹、湯制法興王之道，非有述於人者也。〔二〕

〔二〕以上各句注解原分別係於本節正文各句之下，此按前文體例，一併附於本節正文之後。

子路宿於石門。晨門者〔一〕曰：「奚自？」子路曰：「自孔氏。」曰：「是知其不可而爲之者與？」

子擊磬於衛。有荷蕢而過孔氏之門者，曰：「有心哉！擊磬乎！」既而曰：「鄙哉！硜硜乎！莫己知也，斯己而已矣。深則厲，淺則揭。」子曰：「果哉！末之難矣。」

晨門、荷蕢，皆隱者也。其亦微生畝之流歟？故孔子曰，果如爾所謂，亦豈難哉。聖人之時中，蓋不爲耳。

子張曰：「《書》云：『高宗諒陰，三年不言。』何謂也？」子曰：「何必高宗，古之人皆然。君薨，百官總己以聽於冢宰三年。」

子曰：「上好禮，則民易使也。」

君好之，則民從之。上行之，則下效之。皆在上之化而已。

子路問君子。子曰：「脩己以敬。」曰：「如斯而已乎？」曰：「脩己以安人。」曰：「如斯而已乎？」曰：「脩己以安百姓。脩己以安百姓，堯舜其猶病諸。」

施於人者必本於己，故君子以脩己爲本。脩己之要，欽以直內，推而及物，至於百姓，皆被其澤，猶天地

〔一〕集注本無「者」字。

爲未足故也。

之養萬物，無不得其所者。其本皆在於身脩，故馴致可至於天下平。曰「堯舜猶以爲病」者，蓋以子路每以

原壤夷俟。子曰：「幼而不孫弟，長而無述焉，老而不死，是爲賊。」以杖叩其脛。

幼而不遜弟，長而無所述，老而不死，皆賊天理者也。若原壤之放曠，非可以言諭也，故叩其脛而深責之。教諭之道，不一端也。觀原壤之母死而爲孔子歌，則其人可見矣。

闕黨童子將命。或問之曰：「益者與？」子曰：「吾見其居於位也，見其與先生並行也。非求益者也，欲速成者也。」

童子坐則偶，行則左右，聽而弗問。今居位而並行，幾於不遜弟者也，何求益之有？

衛靈公第十五

衛靈公問陳於孔子。孔子對曰："俎豆之事，則嘗聞之矣；軍旅之事，未之學也。"明日遂行。

衛靈公，無道之君也，復有志於戰伐之事，故答以未之學而去之。

在陳絶糧，從者病，莫能興。子路慍見曰："君子亦有窮乎？"子曰："君子固窮，小人窮斯濫矣。"

君子之窮也，則守道而不變，小人則無所不至矣。〔一〕

子曰："賜也，女以予爲多學而識之者與？"對曰："然，非與？"曰："非也，予一以貫之。"

子貢之於學，不及曾子也如此。孔子語曾子"一以貫之"，蓋不待其問而告。曾子復深喻之，曰"唯"。至於子貢，則不足以知之矣。故先發其問，曰女以予爲多學而識之者與？果不能知之，以爲然也。又復疑

〔一〕此句底本原作"君子之窮，小人窮斯濫矣"，據朱子本引尹氏語改。

其不然，而請焉。方告之曰：「予一以貫之。」雖聞其言，終不能如曾子之唯也。

子曰：「由，知德者鮮矣！」

知德者鮮，所謂終身由之，而不知其道者衆也。

子曰：「無爲而治者，其舜也與！夫何爲哉？恭己正南面而已矣。」

聖人之治天下，豈事事而爲之哉？恭己正南面而已矣。其治天下之道畢矣。

子張問行。子曰：「言忠信〔一〕，行篤敬，雖蠻貊之邦行矣；言不忠信，行不篤敬，雖州里行乎哉？立，則見其參於前也；在輿，則見其倚於衡也。夫然後行。」子張書諸紳。

見其參於前，倚於衡，拳拳服膺之意。子張於忠信篤敬有未盡焉，書諸紳，則欲事斯語也。

子曰：「直哉史魚！邦有道，如矢；邦無道，如矢。君子哉蘧伯玉！邦有道，則仕；邦無道，則可卷而懷之。」

史魚之所處，謂之直可也，然未若蘧伯玉之爲君子。

子曰：「可與言而不與之言，失人；不可與言而與之言，失言。知者不失人，亦不失言。」

〔一〕「信」，底本誤作「行」，據集注本改。

知者之於人、於言，蓋兩不失之者也。

子曰：「志士仁人，無求生以害仁，有殺身以成仁。」

志士仁人，雖於死生利害之際，唯知有仁而已，故殺身以成其德。

子貢問爲仁。子曰：「工欲善其事，必先利其器。居是邦也，事其大夫之賢者，友其士之仁者。」

欲爲仁者，當先擇仁賢而從之，猶工之先利器也。

顏淵問爲邦。子曰：「行夏之時，乘殷之輅，服周之冕，樂則《韶》《舞》。放鄭聲，遠佞人。鄭聲淫，佞人殆。」

行夏之時，乘殷之輅，服周之冕，樂則《韶》《舞》，此可謂百王不易之大法。孔子之作《春秋》，蓋此意也。孔顏雖不得行之於時，然其爲治之道，可得而見矣。

子曰：「人無遠慮，必有近憂。」

子曰：「已矣乎！吾未見好德如好色者也。」

子曰：「臧文仲其竊位者與？知柳下惠之賢，而不與立也。」

子曰：「躬自厚而薄責於人，則遠怨矣。」

小人反是。所以多怨。

子曰：「不曰『如之何如之何』者，吾末如之何也已矣。」

事至於無如之何，雖聖人亦無如之何矣。故君子思患而預防之，蓋謂此也。

子曰：「群居終日，言不及義，好行小慧，難矣哉！」

君子義以爲質，群居而言不及之，反以才知爲能，難矣哉！

子曰：「君子義以爲質，禮以行之，孫以出之，信以成之。君子哉！」

義本也，而以禮行之，以遜出之，以信成之，斯可謂君子矣。

子曰：「君子病無能焉，不病人之不己知也。」

子曰：「君子〔二〕疾没世而名不稱焉。」

名謂無善之可稱，非求名譽者也。

子曰：「君子求諸己，小人求諸人。」

〔二〕「君子」，底本脱，據集注本補。

君子無不求諸己，小人反是。

子曰：「君子矜而不争，群而不黨。」

小人矜持，則必至於争；相與，則必至於黨。

子曰：「君子不以言舉人，不以人廢言。」

若孔子於宰予，孟子於陽虎者是也。

子貢問曰：「有一言而可以終身行之者乎？」子曰：「其恕乎！己所不欲，勿施於人。」

學貴乎知要，子貢之問，可謂知要矣。孔子告之求仁之方也。推而極之，雖聖人無我不出乎此也。終身行之，不亦宜乎！

子曰：「吾之於人也，誰毁誰譽？如有所譽者，其有所試矣。斯民也，三代之所以直道而行也。」

孔子之於人，豈有意於毁譽之哉？其所以譽之者，蓋試而知其美故也。斯民也，三代所以直道而行，豈容私於其間哉！

子曰：「吾猶及史之闕文也，有馬者借人乘之。今亡矣夫！」

古之良史有疑則闕之，以待能者。如有馬不能調良，則借人乘習之也。孔子謂吾猶及見之，今則無矣。

子曰：「巧言亂德，小不忍則亂大謀。」

慎言則可以成德，忍性則可以成事。

子曰：「衆惡之，必察焉；衆好之，必察焉。」

孟子之於陳仲子、章子是也。

子曰：「人能弘道，非道弘人。」

子曰：「過而不改，是謂過矣。」

君子不曰無過，而以改過爲美也。成湯之聖，改過不吝，况其下乎？

子曰：「吾嘗終日不〔二〕食，終夜不寢，以思，無益，不如學也。」

廢寢食以思，不如學之益也。故曰：「思而不學則殆。」

子曰：「君子謀道不謀食。畊也，餒在其中矣；學也，禄在其中矣。君子憂道不憂貧。」

〔二〕「不」，底本誤作「食」，據集注本改。

畊所以爲食也，而餒存焉。學所以爲道也，而禄存焉。故謀道不謀食，憂道不憂貧，蓋所以治其本而不恤其末，曾何以在外者而爲憂樂哉？

子曰：「知及之，仁不能守之，雖得之，必失之。知及之，仁能守之，不莊以涖之，則民不敬。知及之，仁能守之，莊以涖之，動之不以禮，未善也。」

士之於學，人君之於治，當盡此四者。至於動之，必以禮而後成也。

子曰：「君子不可小知，而可大受也；小人不可大受，而可小知也。」

君子務其大，故不可以小知。小人局於小，故不可以大受。

子曰：「民之於仁也，甚於水火。水火，吾見蹈而死者矣，未見蹈仁而死者也。」

愚民之憚於爲仁也，甚於水火。故孔子之言，深切如此也。

子曰：「當仁，不讓於師。」

師長猶所遜，况他人乎？聖人勉人，爲仁由己者也。

子曰：「君子貞而不諒。」

正則諒矣，諒則未必正也。尾生者，非不諒也，其可以爲正乎？

子曰："事君，敬其事而後其食。"

君子之仕也，所以行其義，故欽其事而後食，非爲餔啜也。又曰君子之仕，禄食在所後，事則始終皆當敬，故不以先後言。

子曰："有教無類。"

人性無不善也，教之以善，則成善類，教之以惡，則爲惡類也。

子曰："道不同，不相爲謀。"

道不同則心不同，心不同則所趨異，所趨異則其可與謀哉？

子曰："辭，達而已矣。"

辭所以達意而已矣。

師冕見。及階，子曰："階也。"及席，子曰："席也。"皆坐，子告之曰："某在斯，某在斯。"師冕出，子張問曰："與師言之道與？"子曰："然，固相師之道也。"

聖人處己爲人，其心一致，無不盡誠故也。有志於學者，求聖人之心，於斯可見矣。

季氏第十六

季氏將伐顓臾。冉有、季路見於孔子曰：「季氏將有事於顓臾。」孔子曰：「求！無乃爾是過與？夫顓臾，昔者先王〔一〕以爲東蒙主，且在邦域之中矣，是社稷之臣也，何以伐爲？」冉有曰：「夫子欲之，吾二臣者皆不欲也。」孔子曰：「求！周任有言曰：『陳力就列，不能者止。』危而不持，顛而不扶，則將焉用彼相矣？且爾言過矣！虎兕出於柙，龜玉毀於櫝中，是誰之過與？」冉有曰：「今夫顓臾，固而近於費。今不取，後世必爲子孫憂。」孔子曰：「求！君子疾夫舍曰欲之，而必爲之辭。丘也聞有國有家者，不患寡而患不均，不患貧而患不安。蓋均無貧，和無寡，安無傾。夫如是，故遠人不服，則脩文德以來之。既來之，則安之。今由與求也，相夫子，遠人不服而不能來也，邦分崩離析而不能守也，而謀動干戈於邦內。吾恐季孫之憂，不在顓臾，而在蕭墻之內也。」

〔一〕「王」，底本误作「生」，據集注本改。

顓臾主祀東蒙，東蒙魯地也，則是已在邦域之中矣，是吾社稷之臣也。當是時，季氏已强，公室益弱，冉求爲相而不能正之，又爲之辭，孔子所以罪其言也。虎兕喻季氏，龜玉喻公室也。

孔子曰：「天下有道，則禮樂征伐自天子出；天下無道，則禮樂征伐自諸侯出。自諸侯出，蓋十世希不失矣；自大夫出，五世希不失矣；陪臣執國命，三世希不失矣。天下有道，則政不在大夫；天下有道，則庶人不議。」

禮樂征伐出於天子者也，諸侯專之，逆天理也，未有能過十世而不亡者。愈逆於理，則其亡愈近，故大夫不過五世，陪臣不過三世。唯天子有道，則政不在下，而衆庶無得而議。當時三家竊國已四世矣，其子孫安得不微乎！

孔子曰：「禄之去公室，五世矣；政逮於大夫，四世矣；故夫三桓之子孫，微矣。」

孔子曰：「益者三友，損者三友。友直，友諒，友多聞，益矣。友便辟，友善柔，友便佞，損矣。」

便辟，足恭也。善柔，令色也。便佞，巧言也。自天子以至於庶人，未有不須友以成者，而其爲損益有如是者，可不慎擇哉！

孔子曰：「益者三樂，損者三樂。樂節禮樂，樂道人之善，樂多賢友，益矣。樂驕樂，樂佚遊，樂宴樂，損矣。」

禮有節則不離，樂有節則不流。樂道人之善，是與人爲善。樂多賢友，以成己之德。驕樂，侈靡也。佚遊也，宴安也，三者其爲損益也如此。君子之於好樂，可不慎乎！

孔子曰："侍於君子有三愆：言未及之而言，謂之躁；言及之而不言，謂之隱；未見顔色而言，謂之瞽。"

時然後言，則無侍君子之過矣。

孔子曰："君子有三戒：少之時，血氣未定，戒之在色；及其壯也，血氣方剛，戒之在鬬；及其老也，血氣既衰，戒之在得。"

君子之學，在乎不爲血氣所使。

孔子曰："君子有三畏：畏天命，畏大人，畏聖人之言。小人不知天命而不畏也，狎大人，侮聖人之言。"

三畏者，脩己之誠，當然也。小人不務脩身誠己，則何畏之有？

孔子曰："生而知之者，上也；學而知之者，次也；困而學之，又其次也。困而不學，民斯爲下矣。"

生而知之，更不待學。困者，謂有所不通。困而不學，可謂下愚不移者矣。聖人與常人之性類也，在學與不學、勉與不勉之間而已。

孔子曰：「君子有九思：視思明，聽思聰，色思温，貌思恭，言思忠，事思敬，疑思問，忿思難，見得思義。」

思者，以未能從容中道也。慎思如此，豈有不明者也？

孔子曰：「見善如不及，見不善如探湯。吾見其人矣，吾聞其語矣。隱居以求其志，行義以達其道。吾聞其語矣，未見其人也。」

見善如不及，見不善如探湯。孔子之門人爲不少矣，至於隱居以求其志，行義以達其道，非伊尹、傅説之徒則不能。故曰：「未見其人也。」

齊景公有馬千駟，死之日，民無德而稱焉。伯夷、叔齊餓于首陽之下，民到于今稱之。其斯之謂與？

知伯夷之餓可稱，則景公之富不足道矣。臣師曰：「疑此錯簡，當在『誠不以富，亦祇以異』之下。」

陳亢問於伯魚曰：「子亦有異聞乎？」對曰：「未也。嘗獨立，鯉趨而過庭。曰：『學詩乎？』對曰：『未也。』『不學詩，無以言。』鯉退而學詩。他日，又獨立，鯉趨而過庭。曰：『學禮乎？』對曰：『未也。』『不學禮，無以立。』鯉退而學禮。聞斯二者。」陳亢退而喜曰：「問一得三：聞詩，聞禮，又聞君子之遠其子也。」

夫子之教其子，亦何以異于門人哉？故陳亢以爲遠其子也。

邦君之妻：君稱之曰夫人，夫人自稱曰小童，邦人稱之曰君夫人；稱諸異邦曰寡小君；異邦人稱之，亦曰君夫人。

此亦正名分之意也。

陽貨第十七

陽貨欲見孔子，孔子不見，歸孔子豚。孔子時其亡也，而往拜之，遇諸塗。謂孔子曰：「來！予與爾言。」曰：「懷其寶而迷其邦，可謂仁乎？」曰：「不可。」「好從事而亟失時，可謂知乎？」曰：「不可。」「日月逝矣，歲不我與！」孔子曰：「諾，吾將仕矣。」

孔子之于惡人，未嘗絶也。陽貨疑其不見己，故瞰亡而餽焉。孔子之往也，蓋陽貨先之，豈得不見？然於邦無道，危行言孫，其待惡人亦由是也。

子曰：「性相近也，習相遠也。」

性一也，何以言相近？蓋由習則遠而爲言。

子曰：「唯上知與下愚不移。」

上知與下愚不移，其才分也。下愚之不移，自暴自棄故也，非得於有生之初然也。

子之武城，聞弦歌之聲，夫子莞爾而笑，曰：「割雞焉用牛刀？」子游對曰：「昔者偃也聞諸夫子曰：『君子學道則愛人，小人學道則易使也。』」子曰：「二三子！偃之言是也，前言戲之耳。」

在人上而好禮樂，則知愛人矣。在人下而好禮樂，則知和順矣。子游之弦歌，意在是也。夫子曰「割雞焉用牛刀」，笑子游治小以大也。而復曰「偃之言是也」，以武城之治，達之天下，豈有不化者哉！

公山弗擾以費畔，召，子欲往。子路不說，曰：「末之也已，何必公山氏之之也。」子曰：「夫召我者，而豈徒哉？如有用我者，吾其爲東周乎？」

孔子之不助畔人，天下所共知也。弗擾畔而召孔子，則豈徒然哉？焉知其不欲遷善乎？將教之使遷善，是有可往之理也。然而亦固知其不能，故終不往焉。使孔子得用，則將興文、武之治。「吾其爲東周乎？」言不爲也。東周且不爲，况其下也哉？子於南子、陽貨則見之，弗擾、佛肸之召則欲往，乃處亂世待惡人之道，安知其不以是避咎與？

子張問仁於孔子。孔子曰：「能行五者於天下，爲仁矣。」請問之。曰：「恭、寬、信、敏、惠。恭則不侮，寬則得衆，信則人任焉，敏則有功，惠則足以使人。」

恭、寬、信、敏、惠，惟仁者盡之。能行五者，亦可以至於仁矣。

佛肸召，子欲往。子路曰：「昔者由也聞諸夫子曰：『親於其身爲不善者，君子不入也。』佛肸以中牟畔，子之往也如之何？」子曰：「然，有是言也。不曰堅乎？磨而不磷。不曰白乎？涅而不緇。吾豈匏瓜也哉？焉能繫而不食？」

弗擾、佛肸之召，子皆欲往者，聖人不絕人以不可遷善也。然而終不往者，亦知其必不能也。子路以「親於其身爲不善，君子不入」之言而欲止之，故又曰：「吾豈繫而不食，如匏瓜也哉？」蓋磨之而不磷，涅之而不緇，始可以語此。子路勇者也，聞欲浮海則願從，聞欲見弗擾、佛肸則不喜者。孔子意之所在，非由能知也。

子曰：「由也，女聞六言六蔽矣乎？」對曰：「未也。」「居！吾語女。好仁不好學，其蔽也愚；好知不好學，其蔽也蕩；好信不好學，其蔽也賊；好直不好學，其蔽也絞；好勇不好學，其蔽也亂；好剛不好學，其蔽也狂。」

好之而不學，則不能明乎善者也。惟學者乃可以明善，而無此蔽矣。

子曰：「小子！何莫學夫詩？詩，可以興，可以觀，可以群，可以怨；邇之事父，遠之事君；多識於鳥獸草木之名。」

吟詠情性，足以感發，故可以興。思無邪而閱理明，故可以觀。心平氣和，故可以群。怨而不怒，故可以怨。推之於國家，可以盡臣子之道。又足以博物而多識，故不可以不學也。

子謂伯魚曰:「女爲《周南》《召南》矣乎? 人而不爲《周南》《召南》,其猶正牆面而立也與?」

問伯魚者,恐未盡治家之道。夫治國、治天下者,必先脩身而齊家也。欲身脩而家齊者,苟不爲《周南》《召南》,則猶墻面而立。謂之爲者,蓋欲其以《周南》《召南》之道於其家而推之,則無往而不治也。雖文王之聖,亦刑于寡妻,以至於兄弟,以御于家邦,况衆人乎?

子曰:「禮云禮云,玉帛云乎哉! 樂云樂云,鐘鼓云乎哉!」

禮之本在於敬,樂之本在於和。寓禮於玉帛,寓樂於鐘鼓,事其末而不知其本,豈所謂禮、樂也哉?

子曰:「色厲而内荏,譬諸小人,其猶穿窬之盜也與?」

色剛厲而内柔,其欲人之不知也,推其心何異穿窬之盜哉?

子曰:「鄉原,德之賊也。」

孟子謂:「鄉原者,言不顧行,行不顧言,閹然媚於世者也。非之無舉也,刺之無刺也,同乎流俗,合乎汙世,居之似忠信,行之似廉潔,衆皆悦之,自以爲是而不可以入堯、舜之道,故曰『德之賊』也」。

子曰:「道聽而塗説,德之棄也。」

學無自得,君子所不取。道聽塗説以資口耳,爲德之棄不亦宜乎?

子曰：「鄙夫可與事君也與哉？其未得〔二〕之也，患得之；既得之，患失之。苟患失之，無所不至矣。」

事君而患失，則何所不至哉？君子之所鄙者也。

子曰：「古者民有三疾，今也或是之亡也。古之狂也肆，今之狂也蕩；古之矜也廉，今之矜也忿戾；古之愚也直，今之愚也詐而已矣。」

肆者不拘，蕩則放恣矣。廉者自守，忿戾則争矣。直者直情而徑行，詐則欺僞矣。

子曰：「巧言令色，鮮矣仁。」

子曰：「惡紫之奪朱也，惡鄭聲之亂雅樂也，惡利口之覆邦家者。」

邪害於正，是可惡也。

子曰：「予欲無言。」子貢曰：「子如不言，則小子何述焉？」子曰：「天何言哉？四時行焉，百物生焉，天何言哉？」

聖人與天地同德，予欲無言，所以發子貢之問也。子貢識高而未能至之，故孔子每欲語之也，常先有以

〔二〕「得」，底本誤作「德」，據集注本改。

發其疑。若曾子、顔子，則深喻無疑。

孺悲欲見孔子，孔子辭以疾。將命者出户，取瑟而歌，使之聞之。

不屑之教誨者，是亦教誨之而已矣。

宰我問：「三年之喪，期已久矣。君子三年不爲禮，禮必壞；三年不爲樂，樂必崩。舊穀既没，新穀既升，鑽燧改火，期可已矣。」子曰：「食夫稻，衣夫錦，於女安乎？」曰：「安。」「女安，則爲之！夫君子之居喪，食旨不甘，聞樂不樂，居處不安，故不爲也。今女安，則爲之！」宰我出。子曰：「予之不仁也！子生三年，然後免於父母之懷。夫三年之喪，天下之通喪也。予也有三年之愛於其父母乎？」

短喪之説，雖下愚且耻言之。宰我親學于聖人之門，而以是爲問者，有所疑於心而不敢强焉。食稻衣錦，期而安之，其不仁可知矣。又曰君子不爲者，以其不安也，今女安，則爲之，其責之亦深矣。然則三年之喪，天下之通喪，宰我謂期可已矣，而曰女安則爲之，何哉？蓋聖人不與人爲僞也。昔樂正子春學於曾子，其母死，五日而不食，曰：「吾悔之自吾母而不得吾情，而惡乎用吾情示不以僞也？」宰我出，則曰予之不仁也，子生三年，然後免于父母之懷，則其短喪之惡著矣。

子曰：「飽食終日，無所用心，難矣哉！不有博奕者乎？爲之猶賢乎已。」

學者無所用心，則非辟之心入之矣。故博奕，藝之賤者，猶愈於無所用心。苟用心於仁義者，則爲賢可知矣。

子路曰：「君子尚勇乎？」子曰：「君子義以爲上。君子有勇而無義爲亂，小人有勇而無義爲盜。」

義以爲上，則其爲勇也大矣。子路，好勇者也，故孔子以義告之〔一〕。

子貢曰：「君子亦有惡乎？」子曰：「有惡。惡稱人之惡者，惡居下流而訕上者，惡勇而無禮者，惡果敢而窒者。」曰：「賜也亦有惡乎？」「惡徼以爲知者，惡不孫以爲勇者，惡訐以爲直者。」

孔子之所惡也，戒學者也。子貢之所惡也，己所必不爲也。徼，抄也，抄人之意以爲己有也。

子曰：「唯女子與小人爲難養也，近之則不孫，遠之則怨。」

是以君子遠之，不惡而嚴。

子曰：「年四十而見惡焉，其終也已。」

四十者，不惑之時也。無聞於世，固不足畏。其見惡於人，則終身無善矣。

〔一〕「以義告之」，集注本引尹氏語作「以此救其失也」。

微子第十八

微子去之，箕子爲之奴，比干諫而死。孔子曰：「殷有三仁焉。」

無所擇於利害，而爲所當爲，唯仁者能之。君子之事，不必同也。其於利害無所擇，則一也。《書》曰：自靖自獻于先王。故孔子皆以爲仁者。

柳下惠爲士師，三黜。人曰：「子未可以去乎？」曰：「直道而事人，焉往而不三黜？枉道而事人，何必去父母之邦！」

柳下惠，孟子所謂不屑去者也。遺佚而不怨，阨窮而不憫，仕而不喜，黜而不慍，自知其直道而行耳。此其所以爲和與？若孔子，則異是矣。

齊景公待孔子，曰：「若季氏則吾不能，以季、孟之閒待之。」曰：「吾老矣，不能用也。」孔子行。

景公之待孔子，猶齊宣之欲中國而授孟子室也。不用則亦已矣，是何足以留孔子也。

齊人歸女樂，季桓子受之，三日不朝，孔子行。

君子見幾而作，不俟終日也。受女樂而不朝，怠於政事如此，其無敬賢之心可知矣，夫子所以行也。

楚狂接輿歌而過孔子，曰：「鳳兮！鳳兮！何德之衰？往者不可諫，來者猶可追。已而！已而！今之從政者殆而！」孔子下，欲與之言。趨而辟之，不得與之言。

接輿以鳳況孔子，而諷孔子使隱也。

長沮、桀溺耦而耕。孔子過之，使子路問津焉。長沮曰：「夫執輿者爲誰？」子路曰：「爲孔丘。」曰：「是魯孔丘與？」曰：「是也。」曰：「是知津矣。」問於桀溺。桀溺曰：「子爲誰？」曰：「爲仲由。」曰：「是魯孔丘之徒與？」對曰：「然。」曰：「滔滔者天下皆是也，而誰以易之？且而與其從辟人之士也，豈若從辟世之士哉？」耰而不輟。子路行以告，夫子憮然曰：「鳥獸不可與同群，吾非斯人之徒與而誰與？天下有道，丘不與易也。」

長沮〔二〕、桀溺之徒，皆素隱者也。故以孔子之周行四方爲非，而曰滔滔者天下皆是已，何所爲哉？不知天下有道，則聖人無事於變易。所以易之者，爲其滔滔也。且人之與人，類也。惡天下之滔滔而欲辟之，則又豈可與鳥獸同群乎？聖人不以絶人逃世爲潔也。

〔二〕「沮」，底本誤作「洱」，據朱子本改。

子路從而後，遇丈人，以杖荷蓧。子路問曰：「子見夫子乎？」丈人曰：「四體不勤，五穀不分，孰爲夫子？」植其杖而芸。子路拱而立。止子路宿，殺雞爲黍而食之，見其二子焉。明日，子路行以告。子曰：「隱者也。」使子路反見之。至，則行矣。子路曰：「不仕無義。長幼之節，不可廢也；君臣之義，如之何其廢之？欲潔其身，而亂大倫。君子之仕也，行其義也。道之不行，已知之矣。」

道不行，孔子固已知之矣。其不以不仕爲高者，聖人或出或處，唯其義而已。故子路譏丈人獨行之失，曰長幼之節不可廢也，君臣之義如之何其廢之乎？潔其身而亂大倫，君子不爲也。是數子謂之獨行隱居可也，然乃所謂素隱行怪，孔子所不爲者也。子之下車與接輿，使子路問津於長沮、桀溺，反見乎荷蓧丈人，豈不欲引而至於道乎？而四子者方守其一介之行，而不可回，故亦終於素隱而已矣。

逸民：伯夷、叔齊、虞仲、夷逸、朱張、柳下惠、少連。子曰：「不降其志，不辱其身，伯夷、叔齊與？」謂：「柳下惠、少連，降志辱身矣。言中倫，行中慮，其斯而已矣。」謂：「虞仲、夷逸，隱居放言，身中清，廢中權。我則異於是，無可無不可。」

先儒謂七人皆逸民之賢者，各守其一節者也。孔子則無可無不可，此所以常適其可，異於逸民之徒也。楊雄曰：「觀乎聖人，則見賢人。」是以孟子每曰夷、惠，必以孔子斷之。

大師摯適齊，亞飯干適楚，三飯繚適蔡，四飯缺適秦，鼓方叔入於河，播鼗武入於漢，少師陽、擊磬襄入於海。

臣聞張載曰："「師摯之始，樂失其次，徒洋洋盈耳而已。夫子自衛反魯，一嘗治之。其後伶人、賤工識樂之正。及魯益衰，三家僭妄，自太師以下皆知散之四方，逾河蹈海以去亂。」夫聖人俄頃之助，功化如此。其曰「用我者期月而已可也」，豈虛言哉？

周公謂魯公曰："「君子不施其親，不使大臣怨乎不以。故舊無大故，則不棄也。無求備於一人。」

親者，無失其爲親，是以無所施也。大臣所當任，不可使有不用之怨也。故者無失其爲故，不可輕棄遺也。使人則必器之，不可以求備也。周公之戒其子至矣，國安有不治哉！

周有八士："伯達、伯适、仲突、仲忽、叔夜、叔夏、季隨、季騧。

周有八士，記善人之富也。士則盡士之行者。

子張第十九

子張曰：「士見危致命，見得思義，祭思敬，喪思哀，其可已矣。」

見危致命，舍生而取義者也。見得思義，不爲利回者也。祭思敬，喪思哀，則其心誠也，謂之士可矣，孔子以爲成人之次者也。

子張曰：「執德不弘，信道不篤，焉能爲有？焉能爲亡？」

執德不弘，則心不廣；信道不篤，則志不堅。其爲學也，一出焉，一入焉，則焉能爲有？焉能爲亡？

子夏之門人問交於子張。子張曰：「子夏云何？」對曰：「子夏曰：『可者與之，其不可者拒之。』」子張曰：「異乎吾所聞：君子尊賢而容衆，嘉善而矜不能。我之大賢與，於人何所不容？我之不賢與，人將拒我，如之何其拒人也？」

交際之道不同，擇交者當如子夏可也，泛交者當如子張可也。二者皆有當，未可以是非論之。

子夏曰：「雖小道，必有可觀者焉；致遠恐泥，是以君子不爲也。」

小道不可以行遠，故君子不爲也。然而必有可觀，足以感〔二〕人，學者尤所當慎也。

子夏曰：「日知其所亡，月無忘其所能，可謂好學也已矣。」

好學者日新而不失。

子夏曰：「博學而篤志，切問而近思，仁在其中矣。」

切問，近思，則心不外馳。博學，其求多聞多識而已哉。乃欲成吾之仁，故曰「仁在其中矣」。

子夏曰：「百工居肆以成其事，君子學以致其道。」

學，所以致其道也。百工居肆，必務成其事。君子之於學，可不知其所務者哉？

子夏曰：「小人之過也必文。」

君子以改過爲善，遂非也，小人也。

子夏曰：「君子有三變：望之儼然，即之也温，聽其言也厲。」

〔二〕「感」，朱子本引尹氏語作「惑」。

世之人儼然則不温，温則言不能厲。君子非有意於外也，仁、義、禮、智根於心，其生色也。晬然見於面，盎於背，施於四體，四體不言而喻，亦自然之理也。

子夏曰：「君子信而後勞其民；未信，則以爲厲己也。信而後諫；未信，則以爲謗己也。」

事上使下，皆以信爲主。人之不從者，皆己之信不足以取信故也。

子夏曰：「大德不踰閑，小德出入可也。」

不踰閑者，不踰矩也，故曰大德。若小德，則有出入矣。

子游曰：「子夏之門人小子，當洒掃、應對、進退，則可矣。抑末也，本之則無，如之何？」子夏聞之，曰：「噫！言游過矣！君子之道，孰先傳焉？孰後倦焉？譬諸草木，區以别矣。君子之道，焉可誣也？有始有卒者，其惟聖人乎！」

學有本末，有遠近，然而本末、遠近不可分而爲二也。不可分而爲二，則其教亦無得而優劣矣。夫洒掃、應對，小子之職也。道不可須臾離，則洒掃、應對與夫精義入神，不可得而精粗矣。子游以爲末而無本，是不知本末一理也。故子夏以爲過，且曰君子之教，豈有以爲先而傳之者？豈有以爲後而倦教者？大小、本末，皆所以爲道。譬猶草木區以别矣，大小雖不同，實無草木之分者也。君子之道，焉可誣也哉？若夫始卒皆舉，無先後、小大之序，則聖人矣，學者豈可同日而語也？

子夏曰：「仕而優則學，學而優則仕。」

學與仕一也，君子仕未嘗不學，學未嘗不仕，念終始典於學之意。

子游曰：「喪，致乎哀而〔二〕止。」

喪，致哀而止。與其哀不足而禮有餘也，不若禮不足而哀有餘也。

子游曰：「吾友張也，爲難能也，然而未仁。」

曾子曰：「堂堂乎張也，難與並爲仁矣。」

子張之學，病在乎誠不至。

曾子曰：「吾聞諸夫子：人未有自致者也，必也親喪乎！」

親喪，固所自盡也。於此不用其誠，惡乎用其誠？

曾子曰：「吾聞諸夫子：孟莊子之孝也，其他可能也，其不改父之臣與父之政，是難能也。」

父之臣與父之政皆善，則不改可也。不善而不改，則國家豈不危哉？故以爲難能而已。

〔二〕「而」，底本爲空格，據集注本補。

孟氏使陽膚爲士師，問於曾子。曾子曰：「上失其道，民散久矣。如得其情，則哀矜而勿喜。」

士師，典獄之官也。士師而能得獄情，可謂能矣。然而失道之世，陷民於罪，當哀矜而已，不足喜也。舜之在上，皋陶明刑，猶且恤之，而况刑不教之民乎？若曾子者，可謂知此理矣。

子貢曰：「紂之不善，不如是之甚也。是以君子惡居下流，天下之惡皆歸焉。」

是以君子不可以惡及其身。

子貢曰：「君子之過也，如日月之食焉。過也，人皆見之；更也，人皆仰之。」

君子之過，如日月之食，人皆見之而無損於其明者，以其能更也。故孔子之門人，皆以更過爲美。

衛公孫朝問於子貢曰：「仲尼焉學？」子貢曰：「文武之道，未墜於地，在人。賢者識其大者，不賢者識其小者，莫不有文武之道焉。夫子焉不學？而亦何常師之有！」

德無常師，主善爲師，故曰無常。

叔孫武叔語大夫於朝曰：「子貢賢於仲尼。」子服景伯以告子貢。子貢曰：「譬之宫墻，賜之墻也及肩，窺見室家之好；夫子之墻數仞，不得其門而入，不見宗廟之美，百官之富。得其門者或寡矣。夫子之云，不亦宜乎！」

叔孫武叔毀仲尼。子貢曰：「無以爲也！仲尼不可毀也。他人之賢者，丘陵也，猶可踰也；

仲尼，日月也，無得而踰焉。人雖欲自絶，其何傷於日月乎？多見其不知量也！」

叔孫武叔不足以知孔子，宜其言之若是也。既不足以知其過，又從而毁之，夫何損於孔子？益見其不知量而已。

陳子禽謂子貢曰：「子爲恭也，仲尼豈賢於子乎？」子貢曰：「君子一言以爲知，一言以爲不知，言不可不慎也。夫子之不可及也，猶天之不可階而升也。夫子之得邦家者，所謂立之斯立，道之斯行，綏之斯來，動之斯和。其生也榮，其死也哀。如之何其可及也？」

立之斯立，道之斯行，綏之斯來，動之斯和，此聖人之神化上下，與天地同流也。子禽何足以識之？非子貢知足以知聖人，其孰能形容如此哉！

堯曰第二十

堯曰："咨！爾舜！天之曆數在爾躬，允執其中。四海困窮，天祿永終。"舜亦以命禹。曰："予小子履，敢用玄牡，敢昭告于皇皇后帝：有罪不敢赦。帝臣不蔽，簡在帝心。朕躬有罪，無以萬方；萬方有罪，罪在朕躬。"周有大賚，善人是富。"雖有周親，不如仁人。百姓有過，在予一人。"謹權量，審法度，修廢官，四方之政行焉。興滅國，繼絶世，舉逸民，天下之民歸心焉。所重：民、食、喪、祭。寬則得衆，信則民任焉，敏則有功，公則説。

孔子當周之末，不得見二帝、三王之治，故常諷誦其言而思其人，弟子所以類而記之。使夫子之得邦家，其治道當有表見于世，豈徒詠其言而已乎？

子張問於孔子曰："何如斯可以從政矣？"子曰："尊五美，屏四惡，斯可以從政矣。"子張曰："何謂五美？"子曰："君子惠而不費，勞而不怨，欲而不貪，泰而不驕，威而不猛。"子張曰："何謂惠而不費？"子曰："因民之所利而利之，斯不亦惠而不費乎？擇可勞而勞之，又誰怨？

欲仁而得仁，又焉貪？君子無衆寡，無小大，無敢慢，斯不亦泰而不驕乎？君子正其衣冠，尊其瞻視，儼然人望而畏之，斯不亦威而不猛乎？」子張曰：「何謂四惡？」子曰：「不教而殺謂之虐；不戒視成謂之暴；慢令致期謂之賊；猶之與人也，出納之吝，謂之有司。」

問〔二〕政者多矣，未有如此之備者也。故記之以繼帝王之治，則夫子之爲政可知矣。

子曰：「不知命，無以爲君子也。不知禮，無以立也。不知言，無以知人也。」

知命者知命而安之，窮通得喪，無所動其心，故可爲君子。知禮則動不違於理，故能立。知言則得其情實，故能知人。知所以事天，知所以脩身，知所以知人，則君子之事備矣。弟子記此以終篇，得無意乎？今之學者，少而讀之，老而不知一言爲可用，不幾於侮聖言者乎？夫子之罪人也，可不念哉！

〔二〕底本於「問」字前衍一「告」字，據朱子本刪。

孟子解

梁惠王章句上

孟子見梁惠王。王曰：「叟不遠千里而來，亦將有以利吾國乎？」孟子對曰：「王何必曰利？亦有仁義而已矣。王曰『何以利吾國』，大夫曰『何以利吾家』，士庶人曰『何以利吾身』，上下交征利而國危矣。萬乘之國，弒其君者必千乘之家；千乘之國，弒其君者必百乘之家。萬取千焉，千取百焉，不爲不多矣。苟爲後義而先利，不奪不饜。未有仁而遺其親者也，未有義而後其君者也。王亦曰仁義而已矣，何必曰利！」

梁惠王以利國爲言，而孟子對以仁義者，苟以利爲事，則不奪不厭矣。知仁而不遺其親，知義而不後其君，則爲利也博矣。孟子所以拔本塞源而救其弊，此聖賢之心也。彼以利而不知仁義，其害豈有既乎？

孟子見梁惠王。王立於沼上，顧鴻鴈麋鹿曰：「賢者亦樂此乎？」孟子對曰：「賢者而後樂此。不賢者雖有此，不樂也。《詩》云：『經始靈臺，經之營之。庶民攻之，不日成之。經始勿亟，庶民子來。王在靈囿，麀鹿攸伏。麀鹿濯濯，白鳥鶴鶴。王在靈沼，於牣魚躍。』文王以民力爲臺爲沼，而民歡樂之，謂其臺曰『靈臺』，謂其沼曰『靈沼』，樂其有麋鹿魚鼈。古之人與民偕樂，故能樂也。《湯誓》曰：『時日害喪？予及女偕亡。』民欲與之偕亡，雖有臺池鳥獸，豈能獨樂哉？」

麋鹿魚鼈皆遂其性，則與民偕樂也，可知矣。曰「賢者而後樂此，不賢者雖有此，不樂也」，告君之道當然，其意深切矣。

梁惠王曰：「寡人之於國也，盡心焉耳矣。河内凶，則移其民於河東，移其粟於河内。河東凶亦然。察鄰國之政，無如寡人之用心者。鄰國之民不加少，寡人之民不加多，何也？」孟子對曰：「王好戰，請以戰喻。填然鼓之，兵刃既接，棄甲曳兵而走，或百步而後止，或五十步而後止，以五十步笑百步，則何如？」曰：「不可。直不百步耳，是亦走也。」曰：「王如知此，則無望民之多於鄰國也。不違農時，穀不可勝食也。數罟不入洿池，魚鼈不可勝食也。斧斤以時入山林，材木不可勝用也。穀與魚鼈不可勝食，材木不可勝用，是使民養生喪死無憾也。養生喪死無憾，王道之始也。五畝之宅，樹之以桑，五十者可以衣帛矣。雞豚狗彘之畜，無失其時，七十者可以食肉矣。百畝之田，勿奪其時，數口之家可以無飢矣。謹庠序之教，申之以孝悌之義〔二〕，頒白者不負戴於道路矣。七十者衣帛食肉，黎民不飢不寒，然而不王者，未之有也。狗彘食人食而不知檢，塗有餓莩而

〔二〕「義」，集注本作「養」。

不知發，人死，則曰『非我也，歲也』，是何異於刺人而殺之，曰『非我也，兵也』？王無罪歲，斯天下之民至焉。」

孟子所言，王道之始也。梁惠王不知出於王道，而欲民之多於鄰國，又歸罪於歲凶，其不知本也甚矣！反以孟子爲迂闊而不見用，哀哉！

梁惠王曰：「寡人願安承教。」孟子對曰：「殺人以梃與刃，有以異乎？」曰：「無以異也。」「以刃與政，有以異乎？」曰：「無以異也。」曰：「庖有肥肉，廄有肥馬，民有飢色，野有餓莩，此率獸而食人也。獸相食，且人惡之。爲民父母，行政不免於率獸而食人，惡在其爲民父母也？仲尼曰：『始作俑者，其無後乎！』爲其象人而用之也。如之何其使斯民飢而死也？」

爲政之不善，一至於此，不能遵王道故也。惡在其爲民父母？

梁惠王曰：「晉國，天下莫强焉，叟之所知也。及寡人之身，東敗於齊，長子死焉，西喪地於秦七百里，南辱於楚。寡人耻之，願比死者一洒之，如之何則可？」孟子對曰：「地方百里而可以王。王如施仁政於民，省刑罰，薄稅斂，深耕易耨，壯者以暇日修其孝悌忠信，入以事其父兄，出以事其長上，可使制梃以撻秦、楚之堅甲利兵矣！彼奪其民時，使不得耕耨以養其父母，父母凍餓，兄弟妻子離散，彼陷溺其民，王往而征之，夫誰與王敵？故曰：『仁者無敵。』王請勿疑。」

古之聖人，地方百里而可以王。今惠王據有大國而反敗辱焉，不能施仁政而遵王道故也。仁者無敵，豈力不足哉？惑而不爲焉耳。

孟子見梁襄王。出，語人曰：「望之不似人君，就之而不見所畏焉。卒然問曰：『天下惡乎定？』吾對曰：『定於一。』『孰能一之？』對曰：『不嗜殺人者能一之。』『孰能與之？』對曰：『天下莫不與也。王知夫苗乎？七八月之間旱，則苗槁矣。天油然作雲，沛然下雨，則苗浡然興之矣。其如是，孰能禦之？今夫天下之人牧，未有不嗜殺人者也。如有不嗜殺人者，則天下之民皆引領而望之矣。誠如是也，民歸之，由水之就下，沛然誰能禦之！』」

戰國之際，干戈相勝，非救民於亂者也，殺人而已矣。欲天下之定于一，可乎？

齊宣王問曰：「齊桓、晉文之事可得聞乎？」孟子對曰：「仲尼之徒無道桓、文之事者，是以後世無傳焉，臣未之聞也。無以，則王乎？」曰：「德何如則可以王矣？」曰：「保民而王，莫之能禦也。」曰：「若寡人者，可以保民乎哉？」曰：「可。」曰：「何由知吾可也？」曰：「臣聞之胡齕曰：王坐於堂上，有牽牛而過堂下者。王見之，曰：『牛何之？』對曰：『將以釁鐘。』王曰：『舍之，吾不忍其觳觫，若無罪而就死地。』對曰：『然則廢釁鐘與？』曰：『何可廢也！以羊易之。』不識有諸？」曰：「有之。」曰：「是心足以王矣！百姓皆以王爲愛也，臣固知王之不忍也。」王曰：「然，誠有百姓者。齊國雖褊小，吾何愛一牛？即不忍其觳觫，若無罪而就死地，故以羊易之也。」曰：

「王無異於百姓之以王爲愛也，以小易大，彼惡知之？王若隱其無罪而就死地，則牛羊何擇焉？」王笑曰：「是誠何心哉？我非愛其財而易之以羊也，宜乎百姓之爲〔一〕我愛也！」曰：「無傷也，是乃仁術也，見牛未見羊也。君子之於禽獸也，見其生不忍見其死，聞其聲不忍食其肉，是以君子遠庖廚也。」王說，曰：「《詩》云：『他人有心，予忖度之。』夫子之謂也。夫我乃行之，反而求之，不得吾心。夫子言之，於我心有戚戚焉。此心之所以合於王者，何也？」曰：「有復於王者曰：『吾力足以舉百鈞，而不足以舉一羽；明足以察秋毫之末，而不見輿薪。』則王許之乎？」曰：「否。」「今恩足以及禽獸，而功不至於百姓，獨何與？然則一羽之不舉，爲不用力焉；輿薪之不見，爲不用明焉；百姓之不見保，爲不用恩焉。故王之不王，不爲也，非不能也。」曰：「不爲者與不能者之形何以異？」曰：「挾太山以超北海，語人曰『我不能』，是誠不能也。爲長者折枝，語人曰『我不能』，是不爲也，非不能也。故王之不王，非挾太山以超北海之類也；王之不王，是折枝之類也。老吾老以及人之老，幼吾幼以及人之幼，天下可運於掌。《詩》云：『刑于寡妻，至於兄弟，以御于家邦。』言舉斯心加諸彼而已。故推恩足以保四海，不推恩無以保妻子。古之人所以大過人者無他焉，善推其所爲而已矣。今恩足以及禽獸，而功不至於百姓者，獨何與？權，然後知輕重；度，然後知長短。物皆然，心爲甚，王請度之。抑王興甲兵，危士臣，構怨於諸侯，然後快於心與？」王曰：「否，

〔一〕「爲」，集注本作「謂」。

吾何快於是？將以求吾所大欲也。」曰：「王之所大欲可得聞與？」王笑而不言。曰：「爲肥甘不足於口與？輕暖不足於體與？抑爲采色不足視於目與？聲音不足聽於耳與？便嬖不足使令於前與？王之諸臣皆足以供之，而王豈爲是哉？」曰：「否，吾不爲是也。」曰：「然則王之所大欲可知已。欲辟土地，朝秦、楚，蒞中國而撫四夷也。以若所爲，求若所欲，猶緣木而求魚也！」王曰：「若是其甚與？」曰：「殆有甚焉！緣木求魚，雖不得魚，無後災。以若所爲，求若所欲，盡心力而爲之，後必有災。」曰：「可得聞與？」曰：「鄒人與楚人戰，則王以爲孰勝？」曰：「楚人勝。」曰：「然則小固不可以敵大，寡固不可以敵衆，弱固不可以敵强。海内之地方千里者九，齊集有其一。以一服八，何以異於鄒敵楚哉？蓋亦反〔二〕其本矣！今王發政施仁，使天下仕者皆欲立於王之朝，耕者皆欲耕於王之野，商賈皆欲藏於王之市，行旅皆欲出於王之途，天下之欲疾其君者皆欲赴愬於王，其若是，孰能禦之？」王曰：「吾惛，不能進於是矣。願夫子輔吾志，明以教我。我雖不敏，請嘗試之。」曰：「無恒産而有恒心者，惟士爲能。若民，則無恒産，因無恒心。苟無恒心，放辟邪侈，無不爲已。及陷於罪，然後從而刑之，是罔民也。焉有仁人在位，罔民而可爲也！是故明君制民之産，必使仰足以事父母，俯足以畜妻子，樂歲終身飽，凶年免於死亡，然後驅而之善，故民之從之也輕。今也制民之産，仰不足以事父母，俯不足以畜妻子，樂歲終身苦，凶年不免於死亡。

〔二〕「反」，底本誤作「及」，據集注本改。

此惟救死而恐不贍〔一〕，奚暇治禮義哉？王欲行之，則盍反其本矣？五畝之宅，樹之以桑，五十者可以衣帛矣。雞豚狗彘之畜，無失其時，七十者可以食肉矣。百畝之田，勿奪其時，八口之家可以無飢矣。謹庠序之教，申之以孝悌之義，頒白者不負戴於道路矣。老者衣帛食肉，黎民不飢不寒，然而不王者，未之有也。」

仲尼之徒，無道桓、文之事者，以其不務本而求末故也。觀此一章，曲盡其理，患不能推而行之耳。孟子務引其君於當道，志於仁者，率此類也。夫亦在乎爲之而已矣。

〔一〕「贍」，底本誤作「瞻」，據集注本改。

梁惠王章句下

莊暴見孟子，曰：「暴見於王，王語暴以好樂，暴未有以對也。」曰：「好樂何如？」孟子曰：「王之好樂甚，則齊國其庶幾乎！」他日，見於王，曰：「王嘗語莊子以好樂，有諸？」王變乎色，曰：「寡人非能好先王之樂也，直好世俗之樂耳。」曰：「王之好樂甚，則齊其庶幾乎！今之樂猶古之樂也。」曰：「可得聞與？」曰：「獨樂樂，與人樂樂，孰樂？」曰：「不若與人。」曰：「與少樂樂，與衆樂樂，孰樂？」曰：「不若與衆。」「臣請爲王言樂。今王鼓樂於此，百姓聞王鐘鼓之聲，管籥之音，舉疾首蹙頞而相告曰：『吾王之好鼓樂，夫何使我至於此極也？父子不相見，兄弟妻子離散。』今王田獵於此，百姓聞王車馬之音，見羽毛〔一〕之美，舉疾首蹙頞而相告曰：『吾王之好田獵，夫何使我至於此極也？父子不相見，兄弟妻子離散。』此無他，不與民同樂也。今王鼓樂於

〔一〕「毛」，集注本作「旄」。

此，百姓聞王鐘鼓之聲，管籥之音，舉欣欣然有〔二〕喜色而相告曰：『吾王庶幾無疾病與？何以能鼓樂也！』今王田獵於此，百姓聞王車馬之音，見羽毛〔三〕之美，舉欣欣然有喜色而相告曰：『吾王庶幾無疾病與？何以能田獵也！』此無他，與民同樂也。今王與百姓同樂，則王矣。」

王者之所以王者，得民心而已。推己之心以及民，與民同樂，則王天下也孰禦哉！

齊宣王問曰：「文王之囿方七十里，有諸？」孟子對曰：「於《傳》有之。」曰：「若是其大乎？」曰：「民猶以爲小也。」曰：「寡人之囿方四十里，民猶以爲大，何也？」曰：「文王之囿方七十里，芻蕘者往焉，雉兔者往焉，與民同之，民以爲小，不亦宜乎？臣始至於境，問國之大禁，然後敢入。臣聞郊關之内有囿方四十里，殺其麋鹿者如殺人之罪，則是方四十里爲阱於國中，民以爲大，不亦宜乎！」

文王之囿與齊宣王之囿一也，不與民共之，則是害民而已矣。

齊宣王問曰：「交鄰國有道乎？」孟子對曰：「有。惟仁者爲能以大事小，是故湯事葛，文王事昆夷。惟智者爲能以小事大，故大王事獯鬻，句踐事吴。以大事小者，樂天者也。以小事大者，

〔二〕「有」，底本誤作「而」，據集注本改。
〔三〕「毛」，集注本作「旄」。

畏天者也。樂天者保天下，畏天者保其國。《詩》云：『畏天之威，於時保之。』」王曰：「大哉言矣！寡人有疾，寡人好勇。」對曰：「王請無好小勇。夫撫劍疾視，曰：『彼惡敢當我哉！』此匹夫之勇，敵一人者也。王請大之。《詩》云：『王赫斯怒，爰整其旅。以遏徂莒，以篤周祜，以對于天下。』此文王之勇也。文王一怒而安天下之民。《書》曰：『天降下民，作之君，作之師，惟曰其助上帝，寵之四方。有罪無罪惟我在，天下曷敢有越厥志！』一人衡行於天下，武王耻之。此武王之勇也，而武王亦一怒而安天下之民。今王亦一怒而安天下之民，民惟恐王之不好勇也。」

仁者之心至公也，智者之心用謀也。以大事小，則樂天而無不覆載；以小事大，則狹隘而私於一國。仁者之心，智者之心，於此殊矣！能法文、武之用心，則民惟恐君之不好勇也。若夫按劍疾視，則其小勇，陋矣！

齊宣王見孟子於雪宫。王曰：「賢者亦有此樂乎？」孟子對曰：「有。人不得則非其上矣。不得而非其上者，非也。爲民上而不與民同樂者，亦非也。樂民之樂者，民亦樂其樂；憂民之憂者，民亦憂其憂。樂以天下，憂以天下，然而不王者，未之有也。昔者齊景公問於晏子曰：『吾欲觀於轉附朝儛，遵海而南，放于琅邪，吾何脩而可以比於先王觀也？』晏子對曰：『善哉問也！天子適諸侯曰巡狩。巡狩者，巡所守也。諸侯朝於天子曰〔二〕述職。述職者，述所職也。無非事者，春省耕而補不足，秋省斂而助不給。夏諺曰：『吾王不遊，吾何以休？吾王不豫，吾何以助？一遊一豫，爲諸侯度。今也不然，師行而糧食，飢者弗食，勞者弗息。睊睊胥讒，民乃作慝。方命虐民，飲食若流。流連荒亡，爲諸侯憂。從流下而忘反謂之流，從流上而忘反謂之連，從獸無厭謂之荒，樂酒無厭謂之亡。先王無流連之樂，荒亡之行，惟君所行也。』景公説，大戒於國，出舍於郊，於是始興發補不足。召大師曰：『爲我作君臣相説之樂。』蓋《徵招》《角招》是也。其詩曰：『畜君何尤？』畜君者，好君也。」

君之與民，貴賤雖不同，而其心則未始有異也。孟子所以力陳其説，使曉然易知，其言可謂深切矣。齊王不能推而用之，惜哉！

齊宣王問曰：「人皆謂我毁明堂，毁諸？已乎？」孟子對曰：「夫明堂者，王者之堂也。王欲行王政，則勿毁之矣。」王曰：「王政可得聞與？」對曰：「昔者文王之治岐也，耕者九一，仕者世禄，關市譏而不征，澤梁無禁，罪人不孥〔三〕。老而無妻曰鰥，老而無夫曰寡，老而無子曰獨，幼而無父曰孤。此四者，天下之窮民而無告者，文王發政施仁，必先斯四者。《詩》云：『哿矣富人，哀此

〔二〕「曰」，底本誤作「者」，據集注本改。
〔三〕「孥」，集注本作「孥」。

煢獨。』」王曰：「善哉言乎！」曰：「王如善之，則何爲不行？」王曰：「寡人有疾，寡人好貨。」對曰：「昔者公劉好貨。《詩》云：『乃積乃倉，乃裹餱糧，于橐于囊。思戢用光。弓矢斯張，干戈戚揚，爰方啓行。』故居者有積倉，行者有裹囊也，然後可以爰方啓行。王如好貨，與百姓同之，於王何有！」王曰：「寡人有疾，寡人好色。」對曰：「昔者大王好色，愛厥妃。《詩》云：『古公亶父，來朝走馬。率西水滸，至於岐下。爰及姜女，聿來胥宇。』當是時也，内無怨女，外無曠夫。王如好色，與百姓同之，於王何有！」

孟子之不欲毁明堂，欲齊王之行王政也。文王之治岐，公劉之好貨，大王之好色，皆事而言，可謂善引其君矣。

孟子謂齊宣王曰：「王之臣有託其妻子於其友而之楚遊者，比其反也，則凍餒其妻子，則如之何？」王曰：「棄之。」曰：「士師不能治士，則如之何？」王曰：「已之。」曰：「四境之内不治，則如之何？」王顧左右而言他。

友之失其道，士師之失其職，齊王既明知其罪矣。至於四境之不治，則耻於自責，此齊宣王所以終不足與有爲也。

孟子見齊宣王，曰：「所謂故國者，非謂有喬木之謂也，有世臣之謂也。王無親臣矣，昔者所進，今日不知其亡也。」王曰：「吾何以識其不才而舍之？」曰：「國君進賢，如不得已，將使卑踰尊，疏踰戚，可不慎與？左右皆曰賢，未可也。諸大夫皆曰賢，未可也。國人皆曰賢，然後察之。見賢焉，然後用之。左右皆曰不可，勿聽。諸大夫皆曰不可，勿聽。國人皆曰不可，然後察之。見不可焉，然後〔二〕去之。左右皆曰可殺，勿聽。諸大夫皆曰可殺，勿聽。國人皆曰可殺，然後察之。見可殺焉，然後殺之，故曰『國人殺之也』。如此，然後可以爲民父母。」

世臣，則累世修德，必能輔君以道而可則者也。取人苟不詳審，則好惡必不公，爲害甚大，尚何世臣之有哉？是以國君進退群臣，必察於國人之論而不自恃也。苟用此道，則賢否判然，人不可得而欺矣。人君之務，孰大於是？

齊宣王問曰：「湯放桀，武王伐紂，有諸？」孟子對曰：「於《傳》有之。」曰：「臣弑其君，可乎？」曰：「賊仁者謂之賊，賊義者謂之殘，殘賊之人謂之一夫。聞誅一夫紂矣，未聞弑君也。」

孟子爲當時而言，以警戒時君也。

孟子見齊宣王，曰：「爲巨室，則必使工師求大木。工師得大木，則王喜，以爲能勝其任也。匠人斲而小之，則王怒，以爲不勝其任矣。夫人幼而學之，壯而欲行之，王曰『姑舍女所學而從

〔二〕「後」，底本脱，據集注本補。

我』，何〔二〕如？今有璞玉於此，雖萬鎰，必使玉〔三〕人雕琢之。至於治國家，則曰『姑舍女所學而從我』，則何以異於教玉人彫琢玉哉？」

孟子之卒不得有爲於國，蓋類是也。

齊人伐燕，勝之。宣王問曰：「或謂寡人勿取，或謂寡人取之。以萬乘之國伐萬乘之國，五旬而舉之，人力不至於此。不取，必有天殃。取之，何如？」孟子對曰：「取之而燕民悦，則取之。古之人有行之者，武王是也。取之而燕民不悦，則勿取。古之人有行之者，文王是也。以萬乘之國伐萬乘之國，簞食壺漿以迎王師，豈有他哉？避水火也。如水益深，如火益熱，亦運而已矣。」

文王、武王之用心，凡以爲民也。齊人之伐燕，則異是矣。如水益深，如火益熱，亦運而已矣。孟子所以深告之，而宣王未之思也。

齊人伐燕，取之，諸侯將謀救燕。宣王曰：「諸侯多謀伐寡人者，何以待之？」孟子對曰：「臣聞七十里爲政於天下者，湯是也。未聞以千里畏人者也。《書》曰：『湯一征，自葛始。』天下信之。『東面而征，西夷怨。南面而征，北狄怨。曰：奚爲後我？』民望之，若大旱之望雲霓也。歸市者

〔二〕「何」字上，集注本有一「則」字。
〔三〕「玉」，底本誤作「王」，據集注本改。

不止，耕者不變，誅其君而弔其民，若時雨降，民大悅。《書》曰：『徯我后，后來其蘇。』今燕虐其民，王往而征之，民以爲將拯己於水火之中也，簞食壺漿以迎王師。若殺其父兄，係累其子弟，毀其宗廟，遷其重器，如之何其可也？天下固畏齊之彊也，今又倍地而不行仁政，是動天下之兵也。王速出令，反其旄倪，止其重器，謀於燕衆，置君而後去之，則猶可及止也。」

湯以七十里爲政於天下，而齊以千里畏人者，由取之不以其道故也。

鄒與魯鬨，穆公問曰：「吾有司死者三十三人，而民莫之死也。誅之，則不可勝誅。不誅，則疾視其長上之死而不救。如之何則可也？」孟子對曰：「凶年饑歲，君之民老弱轉乎溝壑，壯者散而之四方者，幾千人矣。而君之倉廩實，府庫充，有司莫以告，是上慢而殘下也。曾子曰：『戒之！戒之！出乎爾者，反乎爾者也。』夫民今而後得反之也。君無尤焉。君行仁政，斯民親其上，死其長矣。」

孟子引曾子之言，曰：「戒之！戒之！出乎爾者，反乎爾者也。」可謂知所本矣。民心其可彊之乎！

滕文公問曰：「滕，小國也，間於齊、楚，事齊乎？事楚乎？」孟子對曰：「是謀非吾所能及也。無已，則有一焉。鑿斯池也，築斯城也，與民守之，效死而民弗去，則是可爲也。」

事無理之國以求苟安，豈人君之用心哉？與民守之，效死勿去，孟子言其正也。

滕文公問曰：「齊人將築薛，吾甚恐，如之何則可？」孟子對曰：「昔者大王居邠，狄人侵之，去之岐山之下居焉。非擇而取之，不得已也。苟爲善，後世子孫必有王者矣。君子創業垂統，爲可繼也。若夫成功，則天也。君如彼何哉？彊爲善而已矣！」

齊人將築薛，而滕文公恐，孟子以大王居邠告焉。繼之以彊爲善，可謂能自盡也。文公恐懼而不知自彊，異乎大王矣！

滕文公問曰：「滕，小國也，竭力以事大國，則不得免焉，如之何則可？」孟子對曰：「昔者大王居邠，狄人侵之。事之以皮幣，不得免焉。事之以犬馬，不得免焉。事之以珠〔一〕玉，不得免焉。乃屬其耆老而告之曰：『狄人之所欲者，吾土地也。吾聞之也，君子不以其所以養人者害人。二三子何患乎無君？我將去之。』去邠，踰梁山，邑于岐山之下居焉。邠人曰：『仁人也，不可失也。』從之者如歸市。或曰：『世守也，非身之所能爲也，效死勿去。』君請擇於斯二者。」

無大王之德，則民不應之矣，尚孰肯從之哉？當是時，不知民心之向背，徒知彊弱之相陵，故孟子必以人心向背言之。

魯平公將出，嬖人臧倉者請曰：「他日君出，則必命有司所之。今乘輿已駕矣，有司未知所

〔一〕「珠」，底本誤作「殊」，據集注本改。

之，敢請？」公曰：「將見孟子。」曰：「何哉？　君所爲輕身以先於匹夫者？　以爲賢乎？　禮義由賢者出，而孟子之後喪踰前喪，君無見焉。」公曰：「諾。」樂正子入見，曰：「君奚爲不見孟軻〔二〕也？」曰：「或告寡人〔三〕曰：『孟子之後喪踰前喪。』是以不往見也。」曰：「何哉？　君所謂踰者，前以士，後以大夫，前以三鼎，而後以五鼎與？」曰：「否，謂棺槨衣衾之美也。」曰：「非所謂踰也，貧富不同也。」樂正子見孟子，曰：「克告於君，君爲來見也。嬖人有臧倉者沮君，君是以不果來也。」曰：「行，或使之。止，或尼之。行、止，非人所能也。吾之不遇魯侯，天也，臧氏之子焉能使予不遇哉！」

聖賢之進退出處，有禮義存焉。嬖人妬賢而間毀之，孟子歸之天，可知命矣。

〔二〕「軻」，底本誤作「柯」，據集注本改。
〔三〕「人」，底本誤作「力」，據集注本改。

公孫丑章句上

公孫丑問曰：「夫子當路於齊，管仲、晏子之功可復許乎？」孟子曰：「子誠齊人也，知管仲、晏子而已矣。或問乎曾西，曰：『吾子與子路孰賢？』曾西蹵然，曰：『吾先子之所畏也。』曰：『然則吾子與管仲孰賢？』曾西艴〔一〕然不悦，曰：『爾何曾比予於管仲？管仲得君，如彼其專也；行乎國政，如彼其久也；功烈，如彼其卑也。爾何曾比予於是！』」曰：「管仲，曾西之所不爲也，而子爲我願之乎？」曰：「管仲以其君霸，晏子以其君顯，管仲、晏子猶不足爲與？」曰：「以齊王，猶反手也。」曰：「若是，則弟子之惑滋甚。且以文王之德，百年而後崩，猶未洽於天下。武王、周公繼之，然後大行。今言王若易然，則文王不足法與？」曰：「文王何可當也！由湯至於武丁，賢聖之君六七作，天下歸殷久矣，久則難變也。武丁朝諸侯，有天下，猶運之掌也。紂之去武丁未久

〔一〕「艴」，底本誤作「絶」，據集注本改。

也，其故家遺俗、流風善政猶有善〔二〕者。又有微子、微仲、王子比干、箕子、膠鬲，皆賢人也，相與輔相之。故久而後失之也。尺地莫非其有也，一民莫非其臣也，然而文王猶方百里起，是以難也。齊人有言曰：『雖有知慧，不如乘勢。雖有鎡基，不如待時。』今時則易然也。夏后、殷、周之盛，地未有過千里者也，而齊有其地矣。雞鳴狗吠相聞，而達乎四境，而齊有其民矣。地不改辟矣，民不改聚矣，行仁政而王，莫之能禦也。且王者之不作，未有疏於此時者也。民之憔悴於虐政，未有甚於此時者也。飢者易爲食，渴者易爲飲。孔子曰：『德之流行，速於置郵而傳命。』當今之時，萬乘之國行仁政，民之悦之猶解倒懸也。故事半古之人，功必倍之，惟此時爲然。」

公孫丑問曰：「夫子加齊之卿相，得行道焉，雖由此霸王不異矣。如此，則動心否乎？」孟子曰：「否，我四十不動心。」曰：「若是，則夫子過孟賁遠矣！」曰：「是不難，告子先我不動心。」曰：「不動心有道乎？」曰：「有。北宮黝之養勇也，不膚撓，不目逃，思以一毫挫於人，若撻之於市朝。不受於褐寬博，亦不受於萬乘之君，視刺萬乘之君若刺褐夫。無嚴諸侯。惡聲至，必反之。孟施舍之所養勇也，曰：『視不勝猶勝也，量敵而後進，慮勝而後會，是畏三軍者也。舍豈能爲必勝哉？能無懼而已矣。』孟施舍似曾子，北宮黝似子夏。夫二子之勇，未知其孰賢，然而孟施舍守

〔二〕「善」，集注本作「存」。

約也。昔者曾子謂子襄曰：『子好勇乎？吾嘗聞大勇於夫子矣，自反而不縮，雖褐寬博〔一〕，吾不惴焉；自反而縮，雖千萬〔二〕人吾往矣。』孟施舍之守氣，又不如曾子之守約也。」曰：「敢問夫子之不動心，與告子之不動心，可得聞與？」「告子曰：『不得於言，勿求於心；不得於心，勿求於氣。』不得於心，勿求於氣，可；不得於言，勿求於心，不可。夫〔三〕志，氣之帥也。氣，體之充也。夫志至焉，氣次焉。故曰：『持其志，無暴其氣。』」「既曰『志至焉，氣次焉』，又曰『持其志，無暴其氣』者，何也？」曰：「志壹則動氣，氣壹則動志也。今夫蹶者趨者，是氣也，而反動其心。」「敢問夫子惡乎長？」曰：「我知言，我善養吾浩然之氣。」「敢問何謂浩然之氣？」曰：「難言也。其爲氣也，至大至剛，以直養而無害，則塞于天地之間。其爲〔四〕氣也，配義與道。無是，餒也。是集義所生者，非義襲而取之也。行有不慊於心，則餒矣。我故曰：『告子未嘗知義，以其外之也。』必有事焉而勿正，心勿忘，勿助長也，無若宋人然。宋人有閔其苗之不長而揠之者，芒芒然歸，謂其人曰：『今日病矣，予助苗長矣。』其子趨而往視之，苗則槁矣。天下之不助苗長者，寡矣。以爲無益而舍之者，不耘苗者也；助之長者，揠苗者也。非徒無益，而又害之。」「何謂知言？」曰：「詖辭知其所蔽，淫

〔一〕「博」，底本脱，據集注本補。
〔二〕「萬」，底本脱，據集注本補。
〔三〕「夫」，底本誤作「失」，據集注本改。
〔四〕「爲」，底本誤作「焉」，據集注本改。

辭知其所陷，邪辭知其所離，遁辭知其所窮。生於其心，害於其政；發於其政，害於其事。聖人復起，必從吾言矣！宰我、子貢，善爲説辭；冉牛〔一〕、閔子、顔淵，善言德行〔二〕；孔子兼之，曰：『我於辭命則不能也。』」「然則夫子既聖矣乎？」曰：「惡！是何言也？昔者子貢問於孔子曰：『夫子聖矣乎？』孔子曰：『聖則吾不能，我學不厭而教不倦也。』子貢曰：『學不厭，智也；教不倦，仁也。仁且智，夫子既聖矣！』夫聖，孔子不居，是何言也！」「昔者竊聞之：子夏、子游、子張皆有聖人之一體，冉牛〔三〕、閔子、顔淵則具體而微。敢問所安？」曰：「姑舍是。」曰：「伯夷、伊尹何如？」曰：「不同道。非其君不事，非其民不使，治則進，亂則退，伯夷也。何事非君，何使非民，治亦進，亂亦進〔四〕，伊尹也。可以仕則仕，可以止則止，可以久則久，可以速則速，孔子也。皆古聖人也，吾未能有行焉。乃所願，則學孔子也。」「伯夷、伊尹於孔子，若是班乎？」曰：「否。自有生民以來，未有孔子也。」曰：「然則有同與？」曰：「有。得百里之地而君之，皆能以朝諸侯，有天下。行一不義，殺一不辜，而得天下，皆不爲也。是則同。」曰：「敢問其所以異？」曰：「宰我、子貢、有若，智足以知聖人，汙不至阿其所好。宰我曰：『以予觀於夫子，賢於堯、舜遠矣！』子貢曰：『見其禮

〔一〕「牛」，底本誤作「有」，據集注本改。
〔二〕「行」，底本誤作「言」，據集注本改。
〔三〕「牛」，底本誤作「有」，據集注本改。
〔四〕「治亦進，亂亦進」六字，底本脱，據集注本補。

而知其政，聞其樂而知其德。由百世之後，等百世之王，莫之能違也。自生民以來，未有夫子也！』有若曰：『豈惟民哉？麒麟之於走獸，鳳凰之於飛鳥，太山之於丘垤，河海之於行潦，類也。聖人之於民，亦類也。出於其類，拔乎其萃，自生民以來，未有盛於孔子也！』」

孟子當一國之任，行至聖之道，而無所動心，故公孫丑以爲過於孟賁之勇。孟子因言北宫黝之必勝，孟施舍之不懼，曾子、子夏之徒養勇以不動其心，及夫告子之不動心，是非優劣，以告公孫丑，而又言己知言、養氣之説詳焉。雖然，北宫黝之徒能養勇耳，未知道也。孟子則知言而養氣。知言者，知道也；養氣者，合理也。知道，則是非無不判，詖淫邪遁之害無不知，齊國之任不足爲矣。苟或不能知言而養氣，則必動其心；動其心，則發於政而害於事矣。雖然，至德難言也。故孟子推尊孔子，而自以爲不能。至於聖人，則又不敢居焉。歷論古聖人，無以加者，孔子而已。臣聞之師程頤曰：「孟子養氣之説，學者所宜潛心也。所謂浩然之氣者，天地之正理，吾之所固有也。其爲氣也，至大至剛。以言其體，則名曰道；其用，則名曰義。學者能識之，然後可以養之；不養，則爲私心所蔽而餒矣。夫帥氣者，在養志；養志者，在直内。養之如何？必有事焉，不可正也，不可忘也，不可助長也。主一而已，直内而已，存而勿失而已。如是，則集義而能配義與道，施之則充塞乎天地之間，斂之則退藏於密，真學者之要務也。」或問晁以道言：「以孔子賢於堯、舜，私孔子者也。以孟子配孔子，卑孔子者也。如何？」曰：「不須如此較優劣，惟韓退之説得最好，『自堯、舜相傳至孔子，孟子死，不得其傳』便是。」

孟子曰：「以力假仁者霸，霸必有大國。以德行仁者王，王不待大，湯以七十里，文王以百里。

以力服人者，非心服也，力不贍也。以德服人者，中心悦而誠服也，如七十子之服孔子也。《詩》云：『自西自東，自南自北，無思不服。』此之謂也。」

王、霸之優劣如此，而當時之君莫能爲。此天下之所以不定於一也。

孟子曰：「仁則榮，不仁則辱。今惡辱而居不仁，是猶惡濕而居下也。如惡之，莫如貴德而尊士。賢者在位，能者在職，國家閒暇，及是時明其政刑，雖大國必畏之矣。《詩》云：『迨天之未陰雨，徹彼桑土，綢繆牖户。今此下民，或敢侮予？』孔子曰：『爲此詩者，其知道乎！能治其國家，誰敢侮之？』今國家閒暇，及是時般樂怠敖，是自求禍也。禍福無不自己求之者。《詩》云：『永言配命，自求多福。』《太甲》曰：『天作孽，猶可違。自作孽，不可活。』此之謂也。」

賢者在位，能者在職，明其政刑，雖大國必畏之矣。國家閒暇，般樂怠敖，不脩政刑，雖小國必侮之矣。禍福無不自己求之者。孟子引《詩》云：「自求多福。」可謂知言矣。

孟子曰：「尊賢使能，俊傑在位，則天下之士皆悦，而願立於其朝矣。市廛而不征，法而不廛，則天下之商皆悦，而願藏於其市矣。關譏而不征，則天下之旅皆悦，而願出於其路矣。耕者助而不稅，則天下之農皆悦，而願耕於其野矣。廛無夫里之布，則天下之民皆悦，而願爲之氓矣。信能行此五者，則鄰國之民仰之若父母矣。率其子弟，攻其父母，自有生民以來未有能濟者也。如此，則無敵於天下。無敵於天下者，天吏也。然而不王者，未之有也。」

士皆願立於其朝，商皆願藏於其市，旅皆願出於其路，農皆願耕於其野，民皆願爲之氓，如是，則鄰國之民仰之如父母，而無敵於天下，又何疑焉？ 然則安可使之不願哉。

孟子曰：「人皆有不忍人之心。先王有不忍人之心，斯有不忍人之政矣。以不忍人之心，行不忍人之政，治天下可運之掌上。所以謂人皆有不忍人之心者，今人乍見孺子將入於井，皆有怵惕惻隱之心。非所以內交於孺子之父母也，非所以要譽於鄉黨朋友也，非惡其聲而然也。由是觀之，無惻隱之心，非人也。無羞惡之心，非人也。無辭讓之心，非人也。無是非之心，非人也。惻隱之心，仁之端也。羞惡之心，義之端也。辭讓之心，禮之端也。是非之心，智之端也。人之有此〔二〕四端也，猶其有四體也。有是四端而自謂不能者，自賊者也。謂其君不能者，賊其君者也。凡有四端於我者，知皆擴而充之矣，若火之始然，泉之始達。苟能充之，足以保四海。苟不充之，不足以事父母。」

人之有是四端，得於天者然也。苟能推不忍人之心以及民，則民歸之如父母矣。苟不能推此心以及民，則不足以事父母，況其他〔三〕乎。非失其本心而何？

孟子曰：「矢人豈不仁於函人哉？矢人惟恐不傷人，函人惟恐傷人。巫匠亦然，故術不可不

〔二〕「此」，集注本作「是」。
〔三〕「況其他」，底本誤作「兄其也」，據朱子本改。

慎也。孔子曰：『里仁爲美。擇不處仁，焉得智。』夫仁，天之尊爵也，人之安宅也。莫之禦而不仁，是不智也。不仁不智，無禮無義，人役也。人役而耻爲役，由弓人而耻爲弓，矢人而耻爲矢也。如耻之，莫如爲仁。仁者如射，射者正己而後發。發而不中，不怨勝己者，反求諸己而已矣。」

人之擇術，不可不慎也如此。

孟子曰：「子路，人告之以有過則喜。禹聞善言則拜。大舜有大焉，善與人同。舍己從人，樂取於人以爲善。自耕、稼、陶、漁以至爲帝，無非取於人者。取諸人以爲善，是與人爲善者也。故君子莫大乎與人爲善。」

有過而不能改，吝也。喜者改而不吝，舍己而從人，此其所以爲大也。

孟子曰：「伯夷。非其君不事，非其友不友。不立於惡人之朝，不與惡人言。立於惡人之朝，與惡人言，如以朝衣、朝冠坐於塗炭。推惡惡之心，思與鄉人立，其冠不正，望望然去之，若將浼焉。是故諸侯雖有善其辭命而至者，不受也。不受也者，是亦不屑就已。柳下惠不羞汙君，不卑小官。進不隱賢，必以其道。遺佚而不怨，阨窮而不閔。故曰：『爾爲爾，我爲我，雖袒裼裸裎於我側，爾焉能浼我哉？』故由由然與之偕而不自失焉，援而止之而止。援而止之而止者，是亦不屑去已。」孟子曰：「伯夷隘，柳下惠不恭。隘與不恭，君子不由〔一〕也。」

孟子謂伯夷聖之清、柳下惠聖之和，而又曰隘與不恭者，何也？孟子非謂夷、惠爲聖人也，得聖人之極清、極和者耳。夷、惠之清、和，聖人清、和也。而其流之弊，必至於隘與不恭。故孟子立教，拔其本而塞其源。

〔一〕「由」，底本誤作「白」，據集注本改。

公孫丑章句下

孟子曰：「天時不如地利，地利不如人和。三里之城，七里之郭，環而攻之而不勝。夫環而攻之，必有得天時者矣，然而不勝者，是天時不如地利也。城非不高也，池非不深也，兵革非不堅利也，米粟非不多也，委而去之，是地利不如人和也。故曰：域民不以封疆之界，固國不以山谿之險，威天下不以兵革之利。得道者多助，失道者寡助。寡助之至，親戚畔之。多助之至，天下順之。以天下之所順，攻親戚之所畔，故君子有不戰，戰必勝矣。」

得天下者，凡以得民心而已。

孟子將朝王，王使人來，曰：「寡人如就見者也，有寒疾，不可以風。朝將視朝，不識可使寡人得見乎？」對曰：「不幸而有疾，不能造朝。」明日，出弔於東郭氏。公孫丑曰：「昔者辭以病，今日弔，或者不可乎？」曰：「昔者疾，今日愈，如之何不弔。」王使人問疾，醫來，孟仲子對曰：「昔者有王命，有采薪之憂，不能造朝。今病小愈，趨造於朝，我不識能至否乎？」使數人要於路，曰：「請必無歸，而造於朝！」不得已而之景丑氏宿焉。景子曰：「内則父子，外則君臣，人之大倫也。父子主恩，君臣主敬。丑見王之敬子也，未見所以敬王也。」曰：「惡！是何言也！齊人無以仁義與王言者，豈以仁義爲不美也？其心曰『是何足與言仁義也』云爾，則不敬莫大乎是。我非堯、舜之道，不敢以陳於王前，故齊人莫如我敬王也。」景子曰：「否，非此之謂也。《禮》曰：『父召，無諾。君命召，不俟駕。』固將朝也，聞王命而遂不果，宜與夫禮若不相似然。」曰：「豈謂是與？曾子曰：『晉、楚之富，不可及也。彼以其富，我以吾仁。彼以其爵，我以吾義。吾何慊乎哉？』夫豈不義而曾子言之？是或一道也。天下有達尊三：爵一，齒一，德一。朝廷莫如爵，鄉黨莫如齒，輔世長民莫如德。惡得有其一，以慢其二哉？故將大有爲之君，必有所不召之臣。欲有謀焉，則就之。其尊德樂道不如是，不足與有爲也。故湯之於伊尹，學焉而後臣之，故不勞而王。桓公之於管仲，學焉而後臣之，故不勞而霸。今天下地醜德齊，莫能相尚。無他，好臣其所教，而不好臣其所受教。湯之於伊尹，桓公之於管仲，則不敢召。管仲且猶不可召，而況不爲管仲者乎？」

君子之行止進退，衆人固不識也，類皆如此。

陳臻問曰：「前日於齊，王餽兼金一百而不受。於宋，餽七十鎰而受。於薛，餽五十鎰而受。前日之不受是，則今日之受非也。今日之受是，則前日之不受非也。夫子必居一於此矣。」孟子曰：「皆是也。當在宋也，予將有遠行。行者必以贐，辭曰：『餽贐。』予何爲不受。當在薛也，予有戒心。辭曰：『聞戒。』故爲〔二〕兵戒〔三〕之，予何爲不受。若於齊，則未有處也。無處而餽之，是貨之也。焉有君子而可以貨取乎？」

君子之辭受，惟當於理而已。

孟子之平陸，謂其大夫曰：「子之持戟之士，一日而三失伍，則去之否乎？」曰：「不待三。」「然則子之失伍也亦多矣。凶年飢歲，子之民，老羸轉於溝壑，壯者散而之四方者，幾千人矣。」曰：「此非距心之所得爲也。」曰：「今有受人之牛羊而爲之牧之者，則必爲之求牧與芻矣。求牧與芻而不得，則反諸其人乎？抑亦立而視其死與？」曰：「此則距心之罪也。」他日，見於王，曰：「王之爲都者，臣知五人焉。知其罪者，惟孔距心，爲王誦之。」王曰：「此則寡人之罪也。」

王與距心，皆知其罪，而莫能改也。

孟子謂蚳鼃曰：「子之辭靈丘而請士師，似也，爲其可以言也。今既數月矣，未可以言與？」蚳鼃諫於王而不用，致爲臣而去。齊人曰：「所以爲蚳鼃，則善矣。所以自爲，則吾不知也。」公都

〔二〕「爲」，底本脱，據集注本補。
〔三〕「戒」，集注本作「餽」。

子以告。曰：「吾聞之也：有官守者，不得其職而〔一〕去。有言責〔二〕者，不得其言則去。我無官守，我無言責也，則吾進退，豈不綽綽然有餘裕哉。」

進退久速，皆當於理而已。

孟子爲卿於齊，出弔於滕。王使蓋大夫王驩爲輔行。王驩朝暮見，反齊、滕之路，未嘗與之言行事也。公孫丑曰：「齊卿之位，不爲小矣。齊、滕之路，不爲近矣。反之而未嘗與言行事，何也？」曰：「夫既或治之，予何言哉？」

智者不失人，亦不失言。

孟子自齊葬於魯，反於齊，止於嬴。充虞請曰：「前日不知虞之不肖，使虞敦匠事。嚴，虞不敢請。今願竊有請也，木若以美然。」曰：「古者棺椁無度。中古棺七寸，椁稱之。自天子達於庶人，非直爲觀美也，然後盡於人心。不得，不可以爲悅。無財，不可以爲悅。得之爲有財，古之人皆用之，吾何〔三〕爲獨不然？且比化者無使土親膚，於人心獨無恔乎？吾聞之也：君子不以天下儉其親。」

〔一〕「而」，集注本作「則」。
〔二〕「責」，底本誤作「貴」，據集注本改。
〔三〕「何」，底本误作「用」，據集注本改。

生，事之以禮。死，葬之以禮。盡夫孝心而已矣。

沈同以其私問曰：「燕可伐與？」孟子曰：「可。子噲不得與人燕，子之不得受燕於子噲。有仕於此，而子悦之，不告於王而私與之吾子之禄爵。夫士也，亦無王命而私受之於子，則可乎？何以異於是？」齊人伐燕。或問曰：「勸齊伐燕，有諸？」曰：「未也。沈同問：『燕可伐與？』吾應之曰：『可。』彼然而伐之也。彼如曰：『孰可以伐之？』則將應之曰：『爲天吏，則可以伐之。』今有殺人者，或問之曰：『人可殺與？』則將應之曰：『可。』彼如曰：『孰可以殺之？』則將應之曰：『爲士師，則可以殺之。』今以燕伐燕，何爲勸之哉？」

惟義可以伐不義。不然，君子不與也。

燕人畔，王曰：「吾甚慚於孟子。」陳賈曰：「王無患焉。王自以爲與周公孰仁且智？」王曰：「惡！是何言也？」曰：「周公使管叔監殷，管叔以殷畔。知而使之，是不仁也。不知而使之，是不智也。仁、智，周公未之盡也，而况於王乎？賈請見而解之。」見孟子，問曰：「周公何人也？」曰：「古聖人也。」曰：「使管叔監殷，管叔以殷畔也，有諸？」曰：「然。」曰：「周公知其將畔而使之與？」曰：「不知也。」「然則聖人且有過與？」曰：「周公，弟也。管叔，兄也。周公之過，不亦宜乎？且古之君子，過則改之。今之君子，過則順之。古之君子，其過也如日月之食，民皆見之；及其更也，民皆仰之。今之君子，豈徒順之，又從爲之辭。」

孟子致爲臣而歸。王就見孟子，曰：「前日願見而不可得，得侍，同朝甚喜。今又棄寡人而歸，不識可以繼此而得見乎？」對曰：「不敢請耳〔一〕，固所願也。」他日，王謂時子曰：「我欲中國而授孟子室，養弟子以萬鍾，使諸大夫國人皆有所矜式，子盍爲我言之？」時子因陳子而以告孟子，陳子以時子之言告孟子。孟子曰：「然。夫時子惡知其不可也？如使予欲富，辭十萬而受萬，是爲欲富乎？季孫曰：『異哉子叔疑！使己爲政，不用則亦已矣，又使其子弟爲卿。人亦孰不欲富貴？而獨於富貴之中有私龍斷焉。』古之爲市也〔二〕，以其所有易其所無者，有司者治之耳。有賤丈夫焉，必求龍斷而登之，以左右望而罔市利。人皆以爲賤，故從而征之。征商自此賤丈夫始矣。」

孟子去齊，宿於晝。有欲爲王留行者，坐而言。不應，隱几而卧。客不悦曰：「弟子齊宿而後敢言，夫子卧而不聽，請勿復敢見矣。」曰：「坐！我明語子。昔者魯繆公無人乎子思之側，則不能安子思。泄柳、申詳無人乎繆公之側，則不能安其身。子爲長者慮，而不及子思，子絶長者乎？長者絶子乎？」

繆公之待子思，惟恐子思之不留也。泄柳、申詳之事繆公，惟恐公之見棄也。孟子之進退，則子思之徒

〔一〕「耳」，底本誤作「且」，據集注本改。
〔二〕「也」，底本误作「者」，據集注本改。

也。而客之言不出於子思、繆公之事，故孟子不應也。

孟子去齊，尹士語人曰：「不識王之不可以爲湯、武，則是不明也。識其不可，然且至，則是干澤也。千里而見王，不遇故去。三宿而後出晝，是何濡滯也？士則茲不悦。」高子以告，曰：「夫尹士惡知予哉？千里而見王，是予所欲也。不遇故去，豈予所欲哉？予不得已也。予三宿而出晝，於予心猶以爲速。王庶幾改之。王如改諸，則必反予。夫出晝而王不予追也，予然後浩然有歸志。予雖然，豈舍王哉？王由足用爲善。王如用予，則豈徒齊民安，天下之民舉安。王庶幾改之，予日望之。予豈若是小丈夫然哉？諫於其君而不受，則怒，悻悻然見於其面。去則窮日之力而後宿哉？」尹士聞之，曰：「士誠小人也。」

《易》卦《晉》之初六曰：晉如，摧如，貞吉，罔孚，裕，无咎。孟子可謂盡此理矣。尹士何足以知之。

孟子去齊，充虞路問曰：「夫子若有不豫色然。前日虞聞諸夫子曰：『君子不怨天，不尤人。』」曰：「彼一時，此一時也。五百年必有王者興，其間必有名世者。由周而來，七百有餘歲矣。以其數，則過矣。以其時考之，則可矣。夫天未欲平治天下也。如欲平治天下，當今之世，舍我其誰也？吾何爲不豫哉？」

道之行與不行，亦時而已。聖賢自任之重如此，何不豫之有。

孟子去齊，居休。公孫丑問曰：「仕而不受禄，古之道乎？」曰：「非也。於崇，吾得見王。退而有去志，不欲變，故不受也。繼而有師命，不可以請。久於齊，非我志也。」

進退辭受，不可以無義。

滕文公章句上〔一〕

滕文公爲世子，將之楚，過宋而見孟子。孟子道性善，言必稱堯、舜。世子自楚反，復見孟子。孟子曰：「世子疑吾言乎？夫道一而已矣。成覵謂齊景公曰：『彼丈夫也，我丈夫也，吾何畏彼哉？』顔淵曰：『舜何人也？予何人也？有爲者亦若是。』公明儀曰：『文王我師也，周公豈欺我哉？』今滕，絶長補短將五十里也，猶可以爲善國。《書》曰：『若藥不瞑眩，厥疾不瘳。』」

人之性無不善。蓋無有聞善而不信者也。苟能自信，何患不至乎。孟子可謂諭之以道。

滕定公薨，世子謂然友曰：「昔者孟子嘗與我言於宋，於心終不忘。今也不幸至於大故，吾欲使子問於孟子，然後行事。」然友之鄒問於孟子，孟子曰：「不亦善乎！親喪，固所自盡也。曾子曰：『生，事之以禮；死，葬之以禮，祭之以禮，可謂孝矣。』諸侯之禮，吾未之學也。雖然，吾嘗聞

〔一〕「上」，底本誤作「下」，據集注本改。

之矣。三年之喪，齊疏之服，飦粥之食，自天子達於庶人，三代共之。」然友反命，定爲三年之喪。父兄百官皆不欲，曰：「吾宗國魯先君莫之行，吾先君亦莫之行也，至於子之身而反之，不可。且《志》曰：『喪祭從先祖。』」曰：「吾有所受之也。」謂然友曰：「吾他日未嘗學問，好馳馬試劍。今也父兄百官不我足也，恐其不能盡於大事，子爲我問孟子。」然友復之鄒問孟子，孟子曰：「然，不可以他求者也。孔子曰：『君薨，聽於冢宰。歠粥，面深墨。即位而哭，百官有司莫敢不哀，先之也。』上有好者，下必有甚焉者矣。『君子之德，風也。小人之德，草也。草尚之風，必偃。』是在世子。」然友反命，世子曰：「然。是誠在我。」五月居廬，未有命戒。百官族人可，謂曰知。及至葬，四方來觀之[一]，顏色之戚，哭泣之哀，弔者大悅。

聖賢之道，繫於行與不行。人之聞道，在於信於不信。滕文公信孟子，其效若此。而孟子轍環天下，卒無所遇，悲夫！

滕文公問爲國，孟子曰：「民事不可緩也。《詩》云：『晝爾于茅，宵爾索綯。亟其乘屋，其始播百穀。』民之爲道也，有恒產者有恒心，無恒產者無恒心。苟無恒心，放辟邪侈，無不爲已。及陷乎罪，然後從而刑之，是罔民也。焉有仁人在位，罔民而可爲也？是故賢君必恭儉禮下，取於民

[一]「之」，底本誤作「方」，據集注本改。

有制。陽虎曰：『爲富不仁矣，爲仁不富矣。』夏后氏五十而貢，殷人七十而助，周人百畝而徹，其實皆什一也。徹者，徹也。助者，藉也。龍子曰：『治地莫善於助，莫不善於貢。貢者，校數歲之中以爲常。樂歲，粒米狼戾，多取之而不爲虐，則寡取之。凶年，糞其田而不足，則必取盈焉。爲民父母，使民盻盻然，將終歲勤動，不得以養其父母，又稱貸而益之〔一〕，使老稚轉乎溝壑〔二〕，惡在其爲民父母也？』夫世禄，滕固行之矣。《詩》云：『雨我公田，遂及我私。』惟助爲有公田。由此觀之，雖周亦助也。設爲庠序學校以教之。庠者，養也。校者，教也。序者，射也。夏曰校，殷曰序，周曰庠，學則〔三〕三代共之，皆所以明人倫也。人倫明於上，小民親於下，有王者起，必來取法，是爲王者師也。《詩》云：『周雖舊邦，其命維新。』文王之謂也。子力行之，亦以新子之國。」使畢戰問井地，孟子曰：「子之君將行仁政，選擇而使子，子必勉之！夫仁政必自經界始。經界不正，井地不均，穀禄不平。是故暴君汙吏必慢其經界。經界既正，分田制禄可坐而定也。夫滕，壤地褊小，將爲君子焉，將爲野人焉。無君子莫治野人，無野人莫養君子。請野九一而助，國中什一使自賦。卿以下必有圭田，圭田五十畝。餘夫二十五畝。死徙無出鄉，鄉田同井。出入相友，守望相助，疾病相扶持，則百姓親睦。方里而井，井九百畝。其中爲公田。八家皆私百畝，同養公田。公事畢，

〔一〕「之」，底本脱，據集注本補。
〔二〕「溝壑」，底本误作「壑溝」，據集注本改。
〔三〕「則」，底本誤作「者」，據集注本改。

然後敢治私事，所以别野人也。此其大略也。若夫潤澤之，則在君與子矣。」

傳説有言：「事不師古，以克永世，匪説攸聞。」聖賢之用於世，其心一揆。使孟子之言得行，豈特善於一國而已。行而無助，類皆如此，可爲興嘆也。

有爲神農之言者許行，自楚之滕，踵門而告文公〔二〕曰：「遠方之人聞君行仁政，願受一廛而爲氓。」文公與之處。其徒數十人，皆衣褐，捆屨、織席以爲食。陳良之徒陳相與其弟辛，負耒耜而自宋之滕，曰：「聞君行聖人之政，是亦聖人也，願爲聖人氓。」陳相見許行而大悦，盡棄其學而學焉。陳相見孟子，道許行之言曰：「滕君則誠賢君也。雖然，未聞道也。賢者與民並耕而食，饔飧而治。今也滕有倉廪府庫，則是厲民而以自養也，惡得賢？」孟子曰：「許子必種粟而後食乎？」曰：「然。」「許子必織布〔三〕而後衣乎？」曰：「否。許子衣褐。」「許子冠乎？」曰：「冠。」曰：「奚冠？」曰：「冠素。」曰：「自織之與？」曰：「否。以粟易之。」曰：「許子奚爲不自織？」曰：「害於耕。」曰：「許子以釜甑爨，以鐵耕乎？」曰：「然。」「自爲之與？」曰：「否。以粟易之。」「以粟易械器者，不爲厲陶冶。陶冶亦以其械器易粟者，豈爲厲農夫哉？且許子何不爲陶冶，舍皆取諸其宫中而用之？何爲紛紛然與百工交易？何許子之不憚煩？」曰：「百工之事，固不可耕且爲

〔二〕「公」，底本誤作「王」，據集注本改。
〔三〕「布」，底本誤作「宿」，據集注本改。

也。」「然則治天下獨可耕且爲與？有大人之事，有小人之事。且一人之身，而百工之所爲備。如必自爲而後用之，是率天下而路也。故曰：或勞心，或勞力。勞心者治人，勞力者治於人。治於人者食人，治人者食於人。天下之通義也。當堯之時，天下猶未平，洪水横流，氾濫於天下，草木暢茂，禽獸繁殖，五穀不登，禽獸偪人，獸蹄鳥跡之道交於中國。堯獨憂之，舉舜而敷治焉。舜使益掌火，益烈山澤而焚之，禽獸逃匿。禹疏九河，瀹濟、漯而注諸海，决汝、漢，排淮、泗而注之江，然後中國可得而食也。當是時也，禹八年於外，三過其門而不入，雖欲耕，得乎？后稷教民稼穡，樹藝五穀，五穀熟〔二〕而民人育。人之有道也，飽食、暖衣、逸居而無教，則近於禽獸。聖人有憂之，使契爲司徒，教以人倫：父子有親，君臣有義，夫婦有别，長幼有序，朋友有信。放勳曰：『勞之來之，匡之直之，輔之翼之，使自得之，又從而振德之。』聖人之憂民如此，而暇耕乎？堯以不得舜爲己憂，舜以不得禹、臯陶爲己憂。夫以百畝之不易爲己憂者，農夫也。分人以財謂之惠，教人以善謂之忠，爲天下得人者謂之仁〔三〕。是故以天下與人易，爲天下得人難。孔子曰：『大哉堯之爲君！惟天爲大，惟堯則之，蕩蕩乎民無能名焉！君哉舜也！巍巍乎有天下而不與焉！』堯舜之治天下，豈無所用其心哉？亦不用於耕耳。吾聞用夏變夷者，未聞變於夷者也。陳良，楚産也。悦周

〔二〕「熟」，底本误作「熱」，據集注本改。
〔三〕「仁」，底本誤作「人」，據集注本改。

公、仲尼之道，北學於中國。北方之學者，未能或之先也。彼所謂豪傑之士也。子之兄弟事之數十年，師死而遂倍之。昔者孔子没，三年之外。門人治任將歸，入揖於子貢，相嚮而哭，皆失聲，然後歸。子貢反，築室於場〔二〕，獨居三年，然後歸。他日，子夏、子張、子游以有若似聖人，欲以所事孔子事之，彊曾子。曾子曰：『不可。江漢以濯之，秋陽以暴之，皜皜乎不可尚已。』今也南蠻鴃舌之人，非先王之道，子倍子之師而學之，亦異於曾子矣。吾聞出於幽谷遷於喬木者，未聞下喬木而入於幽谷者。《魯頌》曰：『戎狄是膺，荆舒是懲。』周公方且膺之，子是之學，亦爲不善變矣。」「從許子之道，則市賈不貳，國中無僞。雖使五尺之童適市，莫之或欺。布帛長短同，則賈相若。麻縷絲絮輕重同，則賈相若。五穀多寡同，則賈相若。屨大小同，則賈相若。」曰：「夫物之不齊，物之情也。或相倍蓰，或相什伯，或相千萬。子比而同之，是亂天下也。巨屨、小屨同賈，人豈爲之哉？從許子之道，相率而爲僞者也，惡能治國家？」

異端邪説，眩惑時君。各欲售其説者，豈有既哉？孟子力闢許行之言，歸之正道，可謂盡善盡美矣。雖然，古之爲異端者，則亦自處於異端而已。至於後世，則又有學孔、孟之道，而至於異端邪説者。此道之所以益難明也，亦時之不幸也夫！

〔二〕「場」，底本誤作「蝪」，據集注本改。

墨者夷之，因徐辟而求見孟子。孟子曰：「吾固願見。今吾尚病，病愈，我且往見，夷子不來！」他日，又求見孟子。孟子曰：「吾今則可以見矣。不直，則道不見，我且直之。吾聞夷子墨者，墨之治喪也，以薄爲其道也。夷子思以易天下，豈以爲非是而不貴也？然而夷子葬其親厚，則是以所賤事親也。」徐子以告夷子。夷子曰：「儒者之道，古之人『若保赤子』，此言何謂也？之則以爲愛無差等，施由〔二〕親始。」徐子以告孟子。孟子曰：「夫夷子，信以爲人之親其兄之子，爲若親其鄰之赤子乎？彼有取爾也。赤子匍匐將入井，非赤子之罪也。且天之生物也，使之一本，而夷子二本故也。蓋上世嘗有不葬其親者。其親死，則舉而委之於壑。他日過之，狐狸食之，蠅蚋姑嘬之。其顙有泚，睨而不視。夫泚也，非爲人泚，中心達於面目，蓋歸反虆梩而掩之。掩之誠是也，則孝子仁人之掩其親，亦必有道矣。」徐子以告夷子。夷子憮然爲間，曰：「命之矣。」

老吾老以及人之老，一本也。愛無差等，二本也。一本，理也；二本者，僞也。夷子之道無孟子以正之，其爲後世之惑，豈有既乎？

〔二〕「由」，底本誤作「内」，據集注本改。

滕文公章句下

陳代曰：「不見諸侯，宜若小然。今一見之，大則以王，小則以霸。且《志》曰『枉尺而直尋』，宜若可爲也。」孟子曰：「昔齊景公田，招虞人以旌，不至，將殺之。志士不忘在溝壑，勇士不忘喪其元，孔子奚取焉？取非其招不往也，如不待其招而往，何哉？且夫枉尺而直尋者，以利言也。如以利，則枉尋直尺而利，亦可爲與？昔者，趙簡子使王良與嬖奚乘，終日而不獲一禽。嬖奚反命曰：『天下之賤工也。』或以告王良。良曰：『請復之。』彊而後可，一朝而獲十禽。嬖奚反命曰：『天下之良工也。』簡子曰：『我使掌與女乘。』謂王良。良不可，曰：『吾爲之範我馳驅，終日不獲一。爲之詭遇，一朝而獲十。《詩》云：「不失其馳，舍矢如破。」我不貫與小人乘，請辭。』御者且羞與射者比。比而得禽獸，雖若丘陵，弗爲也。如枉道而從彼，何也？且子過矣，枉己者，未有能直人者也。」

有枉尺而直尋之心，則亦必至於枉尋而直尺矣。趨利而不憚枉，安能直人而正國家哉？

景春曰：「公孫衍、張儀豈不誠大丈夫哉？一怒而諸侯懼，安居而天下熄。」孟子曰：「是焉得爲大丈夫乎？子未學禮乎？丈夫之冠也，父命之。女子之嫁也，母命之，往送之門，戒之曰：『往之女家，必敬必戒，無違夫子！』以順爲正者，妾婦之道也。居天下之廣居，立天下之正位，行天下之大道，得志與民由之，不得志獨行其道，富貴不能淫，貧賤不能移，威武不能屈，此之謂大丈夫。」

公孫衍、張儀，孟子以爲妾婦之道，爲其不以義而事君也。夫居正位而行大道，不以利害動其心者，豈儀、衍之敢望哉？

周霄問曰：「古之君子仕乎？」孟子曰：「仕。《傳》曰：『孔子三月無君，則皇皇如也，出疆必載質。』公明儀曰：『古之人三月無君則弔。』」「三月無君則弔，不以急乎？」曰：「士之失位也，猶諸侯之失國家也。《禮》曰：『諸侯耕助，以供粢盛。夫人蠶繅，以爲衣服。犧牲不成，粢盛不潔，衣服不備，不敢以祭。惟士無田。則亦不祭。』牲殺器皿衣服不備，不敢以祭，則不敢以宴，亦不足弔乎？」「出疆必載質，何也？」曰：「士之仕也，猶農夫之耕也，農夫豈爲出疆舍其耒耜哉？」曰：「晉國亦仕國也，未嘗聞仕如此其急。仕如此其急也，君子之難仕，何也？」曰：「丈夫生而願爲之有室，女子生而願爲之有家。父母之心，人皆有之。不待父母之命、媒妁之言，鑽穴隙相窺，踰墻相從，則父母、國人皆賤之。古之人未嘗不欲仕也，又惡不由其道。不由其道而往者，與鑽穴隙之類也」。

進不以義，未有能行其道者也，故君子難之。不以其道而仕，真鑽穴之徒歟！

彭更問曰：「後車數十乘，從者數百人，以傳食於諸侯，不以泰乎？」孟子曰：「非其道，則一簞食不可受於人。如其道，則舜受堯之天下，不以爲泰，子以爲泰乎？」曰：「否。士無事而食，不可也。」曰：「子不通功易事，以羡補不足，則農有餘粟，女有餘布。子如通之，則梓匠、輪輿皆得食於子。於此有人焉，入則孝，出則悌，守先王之道，以待後之學者，而不得食於子。子何尊梓匠、輪輿而輕爲仁義者哉？」曰：「梓匠、輪輿，其志將以求食也。君子之爲道也，其志亦將以求食與？」曰：「子何以其志爲哉？其有功於子，可食而食之矣。且子食志乎？食功乎？」曰：「食志。」曰：「有人於此，毁瓦畫墁，其志將以求食也，則子食之乎？」曰：「否。」曰：「然則子非食志也，食功也。」

志聖賢之志，行聖賢之道，而享聖賢之奉，士之所無媿也。非其道，則何可以受？如其道，則何足爲泰？而世之人以利害貴賤之心度之，何足以知聖賢也哉！

萬章問曰：「宋，小國也。今將行王政，齊、楚惡而伐之，則如之何？」孟子曰：「湯居亳，與葛爲鄰，葛伯放而不祀。湯使人問之曰：『何爲不祀？』曰：『無以供犧牲也。』湯使遺之牛羊。葛伯食之，又不以祀。湯又使人問之曰：『何爲不祀？』曰：『無以供粢盛也。』湯使亳衆往爲之耕，老弱饋食。葛伯率其民，要其有酒食黍稻者奪之，不授者殺之。有童子以黍肉餉，殺而奪之。《書》曰：『葛伯仇餉。』此之謂也。爲其殺是童子而征之，四海之内皆曰：『非富天下也，爲匹夫匹婦復讎也。』『湯始征，自葛載。』十一征而無敵於天下。東面而征，西夷怨。南面而征，北狄怨。曰：『奚爲後我？』民之望之，若大旱之望雨也。歸市者弗止，芸者不變，誅其君，弔其民，如時雨降，民大悦。《書》曰：『徯我后，后來其無罰。』『有攸不惟臣，東征，綏厥士女，匪厥玄〔二〕黄，紹我周王見休，惟臣附于大邑周。』其君子實玄黄于匪以迎其君子，其小人簞食壺漿以迎其小人，救民於水火之中，取其殘而已矣。《太誓》曰：『我武惟揚，侵于之疆，則取于殘，殺伐用張，于湯有光。』不行王政云爾。苟行王政，四海之内皆舉首而望之，欲以爲君。齊、楚雖大，何畏焉？」

爲國者能自治而得民心，則天下皆將歸往之，恨其征伐之不早也，尚何彊國之足畏哉？苟不自治，而以强弱之勢言之，是可畏而已矣。

孟子謂戴不勝曰：「子欲子之王之善與？我明告子，有楚大夫於此，欲其子之齊語也，則使齊人傅諸？使楚人傅諸？」曰：「使齊人傅之。」曰：「一齊人傅之，衆楚人咻之，雖日撻而求其齊也，不可得矣。引而置之莊嶽之間數年，雖日撻而求其楚，亦不可得矣。子謂薛居州，善士也，使

〔二〕底本於「玄」字上衍一「厥」字，據集注本删。

之居於王所。在於王所者，長幼卑尊，皆薛居州也，王誰與爲不善？在王所者，長幼卑尊，皆非薛居州也，王誰與爲善？一薛居州，獨如〔二〕宋王何？」

君子寡而小人衆，未有能立者也。而欲有益於其君，難矣哉！是以人君用賢必察之，審而用之衆。不然，則是使孔、顔、盗跖相閧於前，孔、顔之不勝盗跖，無可疑矣。可不慎歟！

公孫丑問曰：「不見諸侯何義？」孟子曰：「古者不爲臣不見。段干木踰垣而避之，泄柳閉門而不内，是皆已甚。迫，斯可以見矣。陽貨欲見孔子而惡無禮，大夫有賜於士，不得受於其家，則往拜其門。陽貨矙孔子之亡也，而饋孔子蒸豚。孔子亦矙其亡也，而往拜之。當是時，陽貨先，豈得不見？曾子曰：『脅肩諂笑，病于夏畦。』子路曰：『未同而言，觀其色赧赧然，非由之所知也。』由是觀之，則君子之所養可知已矣。」

君子之所養，以義。苟非其義，則利心也，不可以不察。

戴盈之曰：「什一，去關市之征，今兹未能。請輕之，以待來年，然後已，何如？」孟子曰：「今有人日攘其鄰之雞者，或告之曰：『是非君子之道。』曰：『請損之，月攘一雞，以待來年，然後已。』如知其非義，斯速已矣，何待來年。」

〔二〕「如」，底本脱，據集注本補。

去害改過，如救焚溺，猶恐其遲也。

公都子曰：「外人皆稱夫子好辯，敢問何也？」孟子曰：「予豈好辯哉？予不得已也。天下之生久矣，一治一亂。當堯之時，水逆行，氾濫於中國。蛇龍居之，民無所定。下者爲巢，上者爲營窟。《書》曰：『洚〔二〕水警余。』洚〔三〕水者，洪水也。使禹治之，禹掘地而注之海，驅蛇龍而放之菹。水由地中行，江、淮、河、漢是也。險阻既遠，鳥獸之害人者消，然後人得平土而居之。堯、舜既没，聖人之道衰。暴君代作，壞宫室以爲汙池，民無所安息；棄田以爲園囿，使民不得衣食。邪説暴行又作，園囿、汙池、沛澤多而禽獸至。及紂之身，天下又大亂。周公相武王，誅紂伐奄，三年討其君，驅飛廉於海隅而戮之。滅國者五十，驅虎、豹、犀、象而遠之，天下大悦。《書》曰：『丕顯哉，文王謨！丕承哉，武王烈！佑啓我後人，咸以正無缺。』世衰道微，邪説暴行有作，臣弑其君者有之，子弑其父者有之。孔子懼，作《春秋》。《春秋》，天子之事也。是故孔子曰：『知我者其惟《春秋》乎！罪我者其惟《春秋》乎！』聖王不作，諸侯放恣，處士横議，楊朱、墨翟之言盈天下。天下之言，不歸楊，則歸墨。楊氏爲我，是無君也。墨氏兼愛，是無父也。無父無君，是禽獸也。

〔二〕「洚」，底本误作「洚」，據集注本改。
〔三〕「洚」，底本误作「洚」，據集注本改。

公明儀曰：『庖有肥肉，廄有肥馬，民有飢色，野有餓莩，此率禽〔二〕獸而食人也。』楊、墨之道不息，孔子之道不著〔三〕，是邪説誣民，充塞仁義也。仁義充塞，則率獸食人，人將相食。吾爲此懼，閑先聖之道，距楊墨，放淫辭，邪説者不得作。作於其心，害於其事。作於其事，害於其政。聖人復起，不易吾言矣。昔者禹抑洪水而天下平，周公兼夷狄驅猛獸而百姓寧，孔子成《春秋》而亂臣賊子懼。《詩》云：『戎狄是膺，荆舒是懲，則莫我敢承。』無父無君，是周公所膺也。我亦欲正人心，息邪説，距詖行，放淫辭，以承三聖者，豈好辯哉？予不得已也。能言距楊、墨者，聖人之徒也。」

學者於是非之原，毫釐有差，則害流於生民，禍及於後世。故孟子辯邪説如是之嚴，而自以爲承三聖之功也。當是時，方且以好辯目之，不亦異哉！是以常人之心而度聖賢之心也。

匡章曰：「陳仲子豈不誠廉士哉？居於陵，三日不食，耳無聞，目無見也。井上有李，螬食實者過半矣，匍匐往，將食之，三咽，然後耳有聞，目有見。」孟子曰：「於齊國之士，吾必以仲子爲巨擘焉。雖然，仲子惡能廉？充仲子之操，則蚓而後可者也。夫蚓，上食槁壤，下飲黄泉。仲子所居之室，伯夷之所築與？抑亦盜跖之所築與？所食之粟，伯夷之所樹與？抑亦盜跖之所樹與？是未可知也。」曰：「是何傷哉？彼身織屨，妻辟纑，以易之也。」曰：「仲子，齊之世家也。

〔二〕集注本無「禽」字。
〔三〕「著」，底本誤作「者」，據集注本改。

兄戴，蓋禄萬鍾。以兄之禄爲不義之禄而不食也，以兄之室爲不義之室而不居也，辟兄離母，處於於陵。他日歸，則有饋其兄生鵝〔二〕者。己頻顣曰：『惡用是鶃鶃者爲哉？』他日，其母殺是鵝也，與之食之。其兄自外至，曰：『是鶃鶃之肉也。』出而哇之。以母則不食，以妻則食之。以兄之室則弗居，以於陵則居之。是尚爲能充其類也乎？若仲子者，蚓而後充其操者也。」

君子之爲君子者，曰理，曰義。理、義者，心之正也。充仲子之操，豈所謂理、義也哉？

〔二〕「鵝」，底本誤作「餓」，據集注本改。

離婁章句上

孟子曰：「離婁之明，公輸子之巧，不以規矩，不能成方員。師曠之聰，不以六律，不能正五音。堯、舜之道，不以仁政，不能平治天下。今有仁心、仁聞而民不被其澤，不可法於後世者，不行先王之道也。故曰徒善不足以爲政，徒法不能以自行。《詩》云：『不愆不忘，率由舊章。』遵先王之法而過者，未之有也。聖人既竭目力焉，繼之以規矩準繩，以爲方員平直，不可勝用也。既竭耳〔一〕力焉，繼之以六律，正五音，不可勝用也。既竭心思焉，繼之以不忍人之政，而仁覆天下矣。故曰爲高必因丘陵，爲下必因〔二〕川澤。爲政不因先王之道，可謂智乎？是以惟仁者宜在高位。不仁而在高位，是播其惡於衆也。上無道揆也，下無法守也，朝不信道，工不信度，君子犯義，小人犯刑，國之所存者幸也。故曰：城郭不完，兵甲不多，非國之災也；田野不辟，貨財不聚，非國之害

〔一〕「耳」，底本誤作「身」，據集注本改。
〔二〕「因」，底本誤作「用」，據集注本改。

也。上無禮，下無學，賊民興，喪無日矣。《詩》曰：『天之方蹶，無然泄泄。』泄泄，猶沓沓也。事君無義，進退無禮，言則非先王之道者，猶沓沓也。故曰：責難於君謂之恭，陳善閉邪謂之敬，吾君不能謂之賊。」

治國而無法度，未有能善治者也。雖聰明有過人之知，不以仁政，不法先王，何異舍規矩而欲成方員，舍六律而欲正五音也哉？是以孟子反覆開陳，而繼之曰：「責難於君謂之恭，陳善閉邪謂之敬，吾君不能謂之賊。」後世人臣不知出此義而言治道者，妄也。謂吾君不能者多矣，皆孟子之罪人也。

孟子曰：「規矩，方員之至也。聖人，人倫之至也。欲爲君，盡君道。欲爲臣，盡臣道。二者皆法堯、舜而已矣。不以舜之所以事堯事君，不敬其君者也。不以堯之所以治民治民，賊其民者也。孔子曰：『道二：仁與不仁而已矣。』暴其民甚，則身弑國亡；不甚，則身危國削；名之曰『幽、厲』，雖孝子慈孫，百世不能改也。《詩》云：『殷鑒不遠，在夏后〔一〕之世』，此之謂也。」

孟子每言治民事君之法，又歷言其危亡、名謚，所以深戒後世之君臣也。

孟子曰：「三代之得天下也以仁，其失天下也以不仁。國之所以廢興存亡者亦然。天子不仁，不保四海。諸侯不仁，不保社稷。卿大夫不仁，不保宗廟。士庶人不仁，不保四體。今惡死亡

〔一〕「后」，底本誤作「氏」，據集注本改。

而樂不仁，是猶惡醉而强酒。」

孔子有言：「道二：仁與不仁而已。」而後世曾莫省夫仁而爲之也。

孟子曰：「愛人〔二〕不親，反其仁。治人不治，反其智。禮人不答，反其敬。行有不得者，皆反求諸己，其身正而天下歸之。《詩》云：『永言配命。自求多福。』」

有是實，則有是應，無非自己者也。

孟子曰：「人有恒言，皆曰『天下、國、家』。天下之本在國，國之本在家，家之本在身。」

舉斯心加諸彼而已。是故大學之道必以脩身、正心爲本。不有其本，未有能成功者也。

孟子曰：「爲政不難，不得罪於巨室。巨室之所慕，一國慕之。一國之所慕，天下慕之。故沛然德教溢乎四海。」

此理至要而易行，而人未始以爲急務，不知要道故也。

孟子曰：「天下有道，小德役大德，小賢役大賢。天下無道，小役大，弱役强。斯二者，天也。順天者存，逆天者亡。齊景公曰：『既不能令，又不受命，是絶物也。』涕出而女於吴。今也小國師

〔二〕「人」，底本誤作「仁」，據集注本改。

大國而恥受命焉，是猶弟子而恥受命於先師也。如恥之，莫若師文王。師文王，大國五年，小國七年，必爲政於天下矣。《詩》云：『商之孫子，其麗不億。上帝既命，侯于周服。侯服于周，天命靡常。殷士膚敏，裸將于京。』孔子曰：『仁不可爲衆也。夫國君好仁，天下無敵。』今也欲無敵於天下而不以仁，是猶執熱而不以濯也。《詩》云：『誰能執熱，逝不以濯？』」

古者方伯、連帥至於附庸，小大有序，莫不安其分也。至於後世，戰争尚力于强弱，而亂其序矣。爲小國者，既不能安其小，又不能師文王而無敵於天下，徒耻之，無益也。

孟子曰：「不仁者可與言哉？安其危而利其菑，樂其所以亡者。不仁而可與言，則何亡國敗家之有？有孺子歌曰：『滄浪之水清兮，可以濯我纓。滄浪之水濁兮，可以濯我足。』孔子曰：『小子聽之！清斯濯纓，濁斯濯足矣，自取之也。』夫人必自侮，然後人侮之。家必自毁，而後人毁之。國必自伐，而後人伐之。《太甲》曰：『天作孽，猶可違。自作孽，不可活。』此之謂也。」

自古亡國敗家者，皆由安其危而利其菑，樂其所以亡故也。是以古之明君，常以危亡菑害爲深念焉。

孟子曰：「桀、紂之失天下也，失其民也。失其民者，失[一]其心也。得天下有道：得其民，斯得天下矣。得其民有道：得其心，斯得民矣。得其心有道：所欲與之、聚之，所惡勿施爾也。民之歸

[一]「失」，底本誤作「夫」，據集注本改。

仁也，猶水之就下、獸之走壙也。故爲淵敺魚者，獺也。爲叢敺爵者，鸇也。爲湯、武敺民者，桀與紂也。今天下之君有好仁者，則諸侯皆爲之敺矣。雖欲無王，不可得已。今之欲王者，猶七年之病求三年之艾也。苟爲不畜，終身不得。苟不志於仁，終身憂辱，以陷於死亡。《詩》云：『其何能淑，載胥及溺。』此之謂也。」

得民心者無他道，所欲與之、聚之，所惡勿施而已矣。不能爲此，至於困憂辱、陷死亡而不悟，悲夫！

孟子曰：「自暴者，不可與有言也。自棄者，不可與有爲也。言非禮義，謂之自暴也。吾身不能居仁由義，謂之自棄也。仁，人之安宅也。義，人之正路也。曠安宅而弗居，舍正路而不由，哀哉！」

人孰不可以聞善，難與言者，自暴故也。人孰不可以爲善，難與爲者，自棄故也。人皆有可得之資，而自暴、自棄之，是足哀哉！

孟子曰：「道在爾而求諸遠，事在易而求諸難。人人親其親、長其長，而天下平。」

治有本。

孟子曰：「居下位而不獲於上，民不可得而治也。獲於上有道：不信於友，弗獲於上矣。信於友有道：事親弗悦，弗信於友矣。悦親有道：反身不誠，不悦於親矣。誠身有道：不明乎善，不誠其身矣。是故誠者，天之道也。思誠者，人之道也。至誠而不動者，未之有也。不誠，未有能動者也。」

苟能知此，則道無餘蘊矣。

孟子曰：「伯夷避紂，居北海之濱，聞文王作興，曰：『盍歸乎來！吾聞西伯善養老者。』太公避紂，居東海之濱，聞文王作興，曰：『盍歸乎來！吾聞西伯善養老者。』二老者，天下之大老也，而歸之，是天下之父歸之也。天下之父歸之，其子焉往？諸侯有行文王之政者，七年之内，必爲政於天下矣。」

養老尊親，國之急務也。

孟子曰：「求也爲季氏宰，無能改於其德，而賦粟倍他日。孔子曰：『求非我徒也，小子鳴鼓而攻之可也。』由此觀之，君不行仁政而富之，皆棄於孔子者也。況於爲之强戰？争地以戰，殺人盈野；争城以戰，殺人盈城。此所謂率土地而食人肉，罪不容於死。故善戰者服上刑，連諸侯者次之，辟草萊、任土地者次之。」

湯、武之征，以正伐不正，救民於塗炭也。戰國之戰，以亂益亂，殘人民耳。而求富之，爲之强戰，是何異於助桀而富桀也？

孟子曰：「存乎人者，莫良於眸子。眸子不能掩其惡。胸中正，則眸子瞭焉。胸中不正，則眸子眊焉。聽其言也，觀其眸子，人焉廋哉？」

存乎中，必形於外，不可匿也。

孟子曰：「恭者不侮人，儉者不奪人。侮奪人之君，惟恐不順焉，惡得爲恭儉？恭儉豈可以聲音笑貌爲哉？」

聲音笑貌，無其實也。

淳于髡曰：「男女授受不親，禮與？」孟子曰：「禮也。」曰：「嫂溺，則援之以手乎？」曰：「嫂溺不援，是豺狼也。男女授受不親，禮也。嫂溺援之以手者，權也。」曰：「今天下溺矣，夫子之不援，何也？」曰：「天下溺，援之以道。嫂溺，援之以手。子欲手援天下乎？」

孟子之救時，無非正道也。淳于髡欲以嫂溺爲喻，而説之以枉道，故再發問而辭再屈。

公孫丑曰：「君子之不教子，何也？」孟子曰：「勢不行也。教者必以正。以正不行，繼之以怒。繼之以怒，則反夷矣。『夫子教我以正，夫子未出於正也。』則是父子相夷也。父子相夷，則惡矣。古者易子而教之，父子之間不責善。責善則離，離則不祥莫大焉。」

父子主恩故也。

孟子曰：「事孰爲大？事親爲大。守孰爲大？守身爲大。不失其身而能事其親者，吾聞之矣。失其身而能事其親者，吾未之聞也。孰不爲事？事親，事之本也。孰不爲守？守身，守之本也。曾子養曾晳，必有酒肉。將徹，必請所與。問有餘，必曰『有』。曾晳死，曾元養曾子，必有酒肉。將徹，不請所與。問有餘，曰『亡矣』。將以復進也，此所謂養口體者也。若曾子，則可謂養志也。事親若曾子者，可也。」

事親、守身，唯曾子爲能盡之。

孟子曰：「人不足與適也，政不足間也，唯大人爲能格君心之非。君仁，莫不仁。君義，莫不義。君正，莫不正。一正君而國定矣。」

臣聞之師程頤曰：「天下之治亂，繫乎人君之仁與不仁耳。心之非，即害於正，不待乎發之於外也，故以格君心之非爲先。夫政事之失，用人之非，事事而更之，後復有其事，不勝其更矣。人人而去之，後復用其人，不勝其去矣。是以輔相之職，必在乎格君非心，然後無所不正。而所謂格君心者，非有大人之實，則亦莫之能也。」

孟子曰：「有不虞之譽，有求全之毁。」

君子正己，毁譽非所恤也。

孟子曰：「人之易其言也，無責耳矣。」

言不可不慎。

孟子曰：「人之患在好爲人師。」

尊己自大，人之常情。

樂正子從於子敖之齊。樂正子見孟子，孟子曰：「子亦來見我乎？」曰：「先生何爲出此言也[二]？」曰：「子來幾日矣？」曰：「昔者。」曰：「昔者，則我出此言也，不亦宜乎？」曰：「舍館未定。」曰：「子聞之也，舍館定，然後求見長者乎？」曰：「克有罪。」

孟子責其誠不至也。

孟子謂樂正子曰：「子之從於子敖來，徒餔啜也。我不意子學古之道，而以餔啜也。」

從而無所諫正，與不見聽而從之，是皆可罪也。

孟子曰：「不孝有三，無後爲大。舜不告而娶，爲無後也，君子以爲猶告也。」

[二]「曰先生何爲出此言也」九字，底本脱，據集注本補。

孟子謂無後爲不孝之大，因以舜之事明之。

孟子曰：「仁之實，事親是也。義之實，從兄是也。智之實，知斯二者弗去是也。禮之實，節文斯二者是也。樂之實，樂斯二者，樂則生矣。生則惡可已也，惡可已，則不知足之蹈之、手〔二〕之舞之。」

仁、義之實，事親、從兄是也。不知仁、義之實，則禮、樂爲虚矣。蓋有諸中，然後有以形諸外也。

孟子曰：「天下大悦而將歸己。視天下悦而歸己，猶草芥也，惟舜爲然。不得乎親，不可以爲人。不順乎親，不可以爲子。舜盡事親之道而瞽瞍厎豫，瞽瞍厎豫而天下化，瞽瞍厎豫而天下之爲父子者定，此之謂大孝。」

舜盡此孝，所以爲大。

〔二〕「手」，底本誤作「乎」，據集注本改。

離婁章句下

孟子曰：「舜生於諸馮，遷於負夏，卒於鳴條，東夷之人也。文王生於岐周，卒於畢郢，西夷之人也。地之相去也千有餘里，世之相後也千有餘歲，得志行乎中國，若合符節。先聖、後聖，其揆一也。」

道一而已。

子産聽鄭國之政，以其乘輿濟人於溱洧。孟子曰：「惠而不知爲政。歲十一月徒杠成，十二月輿梁成，民未病涉也。君子平其政，行辟人可也，焉得人人而濟之？故爲政者，每人而悦之，日亦不足矣。」

孟子可謂知爲政矣。

孟子告齊宣王曰：「君之視臣如手足，則臣視君如腹心。君之視臣如犬馬，則臣視君如國人。君之視臣如土芥，則臣視君如寇讎。」王曰：「禮，爲舊君有服，何如斯可爲服矣？」曰：「諫行言聽，膏澤下於民。有故而去，則君使人導之出疆，又先於其所往。去三年不反，然後收其田里。此之謂三有禮焉。如此，則爲之服矣。今也爲臣，諫則不行，言則不聽，膏澤不下於民。有故而去，則君搏執之，又極之於其所往。去之日，遂收其田里。此之謂寇讎。寇讎何服之有？」

君臣以義合者也，報施之道必至於此。孟子所以深曉〔二〕時君也。或曰：「人臣之禮，豈可視君如寇讎？」曰：「此三句説君臣相待厚薄感應之理，非謂待之之禮當如寇讎，可逐、可殺也。若如此，是孟子教人臣與人君爲怨敵，無此理也。」

孟子曰：「無罪而殺士，則大夫可以去。無罪而戮民，則士可以徙。」

君子見幾而作。

孟子曰：「君仁，莫不仁。君義，莫不義。」

政治之源，必本於人君。故曰，以身教者從，以言教者訟。

孟子曰：「非禮之禮，非義之義，大人弗爲。」

非禮之禮，非義之義，所失者小。故也大人隨事而順理，因時而處宜。

〔二〕「曉」，底本誤作「晚」，據朱子本改。

孟子曰：「中也養不中，才也養不才，故人樂有賢父兄也。如中也棄不中，才也棄不才，則賢不肖之相去，其間不能以寸。」

養之者，不使漸乎不善。孟子勉人以教育也。

孟子曰：「人有不爲也，而後可以有爲。」

有不爲者，知所擇也。惟能有所不爲，是以可以有爲。無所不爲者，安能有所爲耶？

孟子曰：「言人之不善，當如後患何？」

言不可不慎。

孟子曰：「仲尼不爲已甚者。」

已甚，則失中。

孟子曰：「大人者，言不必信，行不必果，惟義所在〔二〕。」

主於義，則信、果在其中矣。主於信、果，未必義。

〔二〕「惟義所在」，底本脱，據集注本補。

孟子曰：「大人者，不失其赤子之心者也。」

赤子之心，純一無僞。

孟子曰：「養生者不足以當大事，惟送死可以當大事。」

養生，則人能勉。至於送死，則其誠可知。

孟子曰：「君子深造之以道，欲其自得之也。自得之，則居之安。居之安，則資之深。資之深，則取之左右逢其原。故君子欲其自得之也。」

深造然後可以自得，道非自得，則豈能左右逢原？左右逢原，則無所施而不可矣。

孟子曰：「博學而詳説之，將以反説約也。」

與顔子稱孔子「博我以文，約我以禮」意同。

孟子曰：「以善服人者，未有能服人者也。以善養人，然後能服天下。天下不心服而王者，未之有也。」

以王、霸言之，霸者服人者也，王者養人者也。此王、霸之所以異。

孟子曰：「言無實不祥。不祥之實，蔽賢者當之。」

言之不祥，莫大於蔽賢。

徐子曰：「仲尼亟稱於水，曰：『水哉，水哉！』何取於水也？」孟子曰：「原泉混混，不舍晝夜。盈科而後進，放乎四海。有本者如是，是之取爾。苟爲無本，七、八月之間雨集，溝澮皆盈，其涸也，可立而待也。故聲聞過情，君子耻之。」

是以學者必自本而往。

孟子曰：「人之所以異於禽獸者幾希，庶民去之，君子存之。舜明於庶物，察於人倫，由仁義行，非行仁義也。」

存之者，君子也。存者，聖人也。君子所存，存天理也。由仁義行，存者能之。

孟子曰：「禹惡旨酒，而好善言。湯執中，立賢無方。文王視民如傷，望道而未之見。武王不泄邇，不忘遠。周公思兼三王，以施四事。其有不合者，仰而思之，夜以繼日。幸而得之，坐以待旦。」

周公，大聖人也，宜若無思。觀其輔成王以措諸事業，其勤若此。然則爲學者，豈可以不思？思無邪而已，曰不思者妄矣。

孟子曰：「王者之迹熄而《詩》亡，《詩》亡然後《春秋》作。晉之《乘》，楚之《檮杌》，魯之《春秋》，一也。其事則齊桓、晉文，其文則史。孔子曰：『其義則丘竊取之矣。』」

孔子作《春秋》，亦以史之文載當時之事也。而其義則定天下之邪正，爲百王之大法。

孟子曰：「君子之澤五世而斬，小人之澤五世而斬。予未得爲孔子徒也，予私淑諸人也。」

臣聞之師程頤曰：「孔子流澤至孟子時未及五世，其澤猶在夫人也。孟子推尊孔子，而不敢比其澤。故曰：『予未得爲孔子徒也，但能私善乎人而已。』」

孟子曰：「可以取，可以無取，取傷廉。可以與，可以無與，與傷惠。可以死，可以無死，死傷勇。」

三者在可否之間則如何？惟義爲正。

逢蒙學射於羿，盡羿之道。思天下惟羿爲愈己，於是殺羿。孟子曰：「是亦羿有罪焉。」公明儀曰：「宜若無罪焉。」曰：「薄乎云爾，惡得無罪？鄭人使子濯孺子侵衛，衛使庾公之斯追之。子濯孺子曰：『今日我疾作，不可以執弓，吾死矣夫！』問其僕曰：『追我者誰也？』其僕曰：『庾公之斯也。』曰：『吾生矣。』其僕曰：『庾公之斯，衛之善射者也，夫子曰「吾生」，何謂也？』曰：『庾公之斯學射於尹公之他，尹公之他學射於我。夫尹公之他，端人也，其取友必端矣。』庾公之斯至，曰：『夫子何爲不執弓？』曰：『今日我疾作，不可以執弓。』曰：『小人學射於尹公之他，尹公之他學射於夫子，我不忍以夫子之道反害夫子。雖然，今日之事，君事也，我不敢廢。』抽矢扣輪，去其金，發乘矢而後反。」

爲取友而言。

孟子曰：「西子蒙不潔，則人皆掩鼻而過之。雖有惡人，齊戒沐浴，則可以祀上帝。」

戒人之喪善，而勉之以自新也。

孟子曰：「天下之言性也，則故而已矣，故者以利爲本。所惡於智者，爲其鑿也。如智者若禹之行水也，則無惡於智矣。禹之行水也，行其所無事也。如智者亦行其所無事，則智亦大矣。天之高也，星辰之遠也，苟求其故，千歲之日至，可坐而致也。」

故者，素也。利，則順而不害也。智者，則鑿矣。行其所無事，則不鑿也。可坐而致，不鑿而已。

公行子有子之喪，右師往弔，入門，有進而與右師言者，有就右師之位而與右師言者。孟子不與右師言，右師不悅，曰：「諸君子皆與驩言，孟子獨不與驩言，是簡驩也。」孟子聞之，曰：「禮，朝廷不歷位而相與言，不踰階而相揖也。我欲行禮，子敖以我爲簡，不亦異乎？」

惑於諂者，以禮爲簡，古今所同也。

孟子曰：「君子所以異於人者，以其存心也。君子以仁存心，以禮存心。仁者愛人，有禮者敬人。愛人者，人恒愛之。敬人者，人恒敬之。有人於此，其待我以横逆，則君子必自反也：我必不仁也，必無禮也，此物奚宜至哉？其自反而仁矣，自反而有禮矣，其横逆由是也。君子必自反也：我必不忠。自反而忠矣，其横逆由是也，君子曰：『此亦妄人也已〔二〕。如此則與禽獸奚擇哉？於禽獸又何難焉？』是故君子有終身之憂，無一朝之患也。乃若所憂則有之：舜人也，我亦人也。舜爲法於天下，可傳於後世，我由未免爲鄉人也，是則可憂也。憂之如何？如舜而已矣。若夫君子所患則亡矣。非仁無爲也，非禮無行也。如有一朝之患，則君子不患矣。」

忠恕而已矣。

禹、稷當平世，三過其門而不入，孔子賢之。顔子當亂世，居於陋巷，一簞食，一瓢飲，人不堪其憂，顔回〔三〕不改其樂，孔子賢之。孟子曰：「禹、稷、顔回同道。禹思天下有溺者，由己溺之也。稷思天下有飢者，由己飢之也。是以如是其急也。禹、稷、顔子易地則皆然。今有同室之人鬭者，救之，雖被髪纓冠而救之可也。鄉鄰有鬭者，被髪纓冠而往救之，則惑也，雖閉户可也。」

當其可之謂時。前聖、後聖其心一也，故其所遇皆盡善焉。問「禹、稷、顔回同道」，竊謂顔子言志「願無伐善，無施勞」，觀禹焦勞於外，稷躬耕稼，與顔淵「無施勞」同。禹不矜不伐，稷自來便人，與顔子「無伐善」

〔二〕「已」字下，集注本有一「矣」字。
〔三〕「回」，集注本作「子」。

同。如何曰不須如此説?「禹、稷、顔回同道」謂窮達雖異,其道則同也。若如此説,只是事也,非道也。

公都子曰:「匡章,通國皆稱不孝焉。夫子與之遊,又從而禮貌之,敢問何也?」孟子曰:「世俗所謂不孝者五:惰其四支,不顧父母之養,一不孝也。博奕好飲酒,不顧父母之養,二不孝也。好貨財,私妻子,不顧父母之養,三不孝也。從耳目之欲,以爲父母戮,四不孝也。好勇鬭狠,以危父母,五不孝也。章子有一於是乎?夫章子,子父責〔一〕善而不相遇也。責善,朋友之道也。父子責善,賊恩之大者。夫章子,豈不欲有夫妻子母之屬哉?爲得罪於父,不得近,出妻屏子,終身不養焉。其設心以爲不若是,是則罪之大者,是則章子已矣。」

苟無孟子,則章子之不幸何以自辨哉?天下以私論人者,悉皆然也。故臣於人之幸、不幸之際,未始不深嘆而屢嗟焉。

曾子居武城,有越寇。或曰:「寇至,盍去諸?」曰:「無寓人於我室,毁傷其薪木。」寇退,則曰:「修我墻屋,我將反。」寇退,曾子反。左右曰:「待先生,如此其忠且敬也。寇至,則先去以爲民望。寇退則反,殆於不可。」沈猶行曰:「是非汝所知也。昔沈猶有負芻之禍,從先生者七十人,未有與焉。」子思居於衛,有齊寇。或曰:「寇至,盍去諸?」子思曰:「如伋去,君誰與守?」孟子

〔一〕「責」,底本誤作「貴」,據集注本改。

曰：「曾子、子思同道。曾子，師也，父兄也。子思，臣也，微也。曾子、子思易地則皆然。」

或遠害，或死難，其事不同者，所處之地不同也。君子之心，不繫於利害，惟其是而已，故易地則皆能爲之。

儲子曰：「王使人瞯夫子，果有以〔二〕異於人乎？」孟子曰：「何以異於人哉？堯、舜與人同耳。」

當時之君所見如此，宜乎不能知孟子也。

齊人有一妻一妾而處室者，其良人出，則必饜酒肉而後反。其妻問所與飲食者，則盡富貴也。其妻告其妾曰：「良人出，則必饜酒肉而後反。問其與飲食者，盡富貴也，而未嘗有顯者來。吾將瞯良人之所之也。」蚤起，施從良人之所之，遍國中無與立談者。卒之東郭墦間之祭者，乞其餘。不足，又顧而之他，此其爲饜足之道也。其妻歸，告其妾曰：「良人者，所望仰〔三〕而終身也。今若此。」與其妾訕其良人，而相泣於中庭。而良人未之知也，施施從外來，驕其妻妾。由君子觀之，則人之所以求富貴利達者，其妻妾不羞也，而不相泣者，幾希矣。

妻妾猶不能欺，而況他人乎？以驕妻妾之心而驕他人，其無耻則一揆。

〔二〕「以」，底本脱，據集注本補。
〔三〕「望仰」，集注本作「仰望」。

萬章章句上

萬章問曰：「舜往于田，號泣于旻天，何爲其號泣也？」孟子曰：「怨慕也。」萬章曰：「父母愛之，喜而〔一〕不忘。父母惡之，勞而不怨。然則舜怨乎？」曰：「長息問於公明高曰：『舜往于田，則吾既得聞命矣。號泣于旻天，于父母，則吾不知也。』公明高曰：『是非爾所知也。』夫公明高以孝子之心，爲不若是恝，我竭力耕田，共爲子職而已矣，父母之不我愛，於我何哉？帝使其子九男二女，百官牛羊倉廩備，以事舜於畎〔二〕畝之中。天下之士多就之者，帝將胥天下而遷之焉。爲不順於父母，如窮人無所歸。天下之士悦之，人之所欲也，而不足以解憂。好色，人之所欲，妻帝之二女，而不足以解憂。富，人之所欲，富有天下，而不足以解憂；貴，人之所欲，貴爲天子，而不足以解憂。人悦之、好色、富、貴，無足以解憂者，惟順於父母，可以解憂。人少，則慕父母。知好色，則慕

〔一〕「而」，底本误作「不」，據集注本改。
〔二〕「畎」，底本誤作「吠」，據集注本改。

少艾。有妻子，則慕妻子。仕，則慕君。不得於君，則熱中。大孝終身慕父母。五十而慕者，予於大舜見之矣。」

舜之號泣，無以解憂故也。人悦之、好色、富、貴，不足以解憂。非盡性則不能也。

萬章問曰：「《詩》云：『娶妻如之何？必告父母。』信斯言也，宜莫如舜。舜之不告而娶，何也？」孟子曰：「告則不得娶。男女居室，人之大倫也。如告，則廢人之大倫，以懟父母，是以不告也。」萬章曰：「舜之不告而娶，則吾既得聞命矣。帝之妻舜而不告，何也？」曰：「帝亦知告焉則不得妻也。」萬章曰：「父母使舜完廩，捐階，瞽瞍焚廩。使浚井，出，從而掩之。象曰：『謨蓋都君咸我績。牛羊父母，倉廩父母，干戈朕，琴朕，弤〔一〕朕，二嫂使治朕棲。』象往入舜宮，舜在牀琴，象曰：『鬱陶思君〔二〕。』忸怩。舜曰：『惟茲臣庶，汝其于予治。』不識舜不知象之將殺己與？」曰：「奚而不知也？象憂亦憂，象喜亦喜。」曰：「然則舜僞喜者與？」曰：「否。昔者有饋生魚於鄭子產，子產使校人畜之池。校人烹之，反命曰：『始舍〔三〕之，圉圉焉，少則洋洋焉，攸然而逝。』子產曰：『得其所哉！得其所哉！』校人出，曰：『孰謂子產智？予既烹而食之，曰：「得其所哉！

〔一〕「弤」，底本誤作「胝」，據集注本補。
〔二〕「君」字下，集注本有一「爾」字。
〔三〕「舍」，底本脱，據集注本補。

得其所哉！」』故君子可欺以其方，難罔以非其道。彼以愛兄之道來，故誠信而喜之，奚僞焉？」

臣觀此一章，人情、天理於是爲至。

萬章問曰：「象日以殺舜爲事，立爲天子則放之，何也？」孟子曰：「封之也，或曰放焉。」萬章曰：「舜流共工于幽州，放驩兜于崇山，殺三苗于三危，殛鯀于羽山，四罪而天下咸服，誅不仁也。象至不仁，封之有庳，有庳之人奚罪焉？仁人固如是乎？在他人則誅之，在弟則封之。」曰：「仁人之於弟也，不藏怒焉，不宿怨焉，親愛之而已矣。親之，欲其貴也。愛之，欲其富也。封之有庳，富貴之也。身爲天子，弟爲匹夫，可謂親愛之乎？」「敢問或曰放者，何謂也？」曰：「象不得有爲於其國，天子使吏治其國，而納其貢稅焉，故謂之放，豈得暴彼民哉？雖然，欲常常而見之，故源源而來。『不及貢，以政接于有庳』，此之謂也。」

聖人之心，一言以蔽，曰公而已矣。常人作爲，以求之，則有差焉。不可不知也。

咸丘蒙問曰：「語云：『盛德之士，君不得而臣，父不得而子。』舜南面而立，堯帥諸侯北面而朝之，瞽瞍亦北面而朝之。舜見瞽瞍，其容有蹙。孔子曰：『於斯時也，天下殆哉，岌岌乎！』不識此語誠然乎哉？」孟子曰：「否。此非君子之言，齊東野人之語也。堯老而舜攝也。《堯典》曰：『二十有八載，放勳乃徂落，百姓如喪考妣。三年，四海遏密八音。』孔子曰：『天無二日，民無二王。』舜既爲天子矣，又帥天下諸侯以爲堯三年喪，是二天子矣。」咸丘蒙曰：「舜之不臣堯，則吾既得聞命矣。《詩》云：『普天之下，莫非王土；率土之濱，莫非王臣。』而舜既爲天子矣，敢問瞽瞍之非臣，如何？」曰：「是詩也，非是之謂也；勞於王事，而不得養父母也。曰：『此莫非王事，我獨賢勞也。』故說詩者，不以文害辭，不以辭害志。以意逆志，是爲得之。如以辭而已矣，《雲漢》之詩曰：『周餘黎民，靡有孑遺。』信斯言也，是周無遺民也。孝子之至，莫大乎尊親。尊親之至，莫大乎以天下養。爲天子父，尊之至也。以天下養，養之至也。《詩》曰：『永言孝思，孝思維則。』此之謂也。《書》曰：『祗載見瞽瞍，夔夔齊栗，瞽瞍亦允若。』是爲父不得而子也。」

萬物紛錯，則見諸天。衆言淆亂，則折諸聖。微孟子，孰能攻其實，而知其正哉？

萬章曰：「堯以天下與舜，有諸？」孟子曰：「否。天子不能以天下與人。」「然則舜有天下也，孰與之？」曰：「天與之。」「天與之者，諄諄然命之乎？」曰：「否。天不言，以行與事示之而已矣。」曰：「以行與事示之者如之何？」曰：「天子能薦人於天，不能使天與之天下。諸侯能薦人於天子，不能使天子與之諸侯。大夫能薦人於諸侯，不能使諸侯與之大夫。昔者堯薦舜於天而天受之，暴之於民而民受之，故曰天不言，以行與事示之而已矣。」曰〔二〕：「敢問薦之於天而天受之，暴之於民而民受之，如何？」曰：「使之主祭而百神享之，是天受之。使之主事而事治，百姓安之，是

〔二〕「曰」，底本脱，據集注本補。

民受之也。天與之，人與之，故曰天子不能以天下與人。舜相堯二十有八載，非人之所能爲也，天也。堯崩，三年之喪畢，舜避堯之子於南河之南。天下諸侯朝覲者，不之堯之子而之舜，訟獄者不之堯之子而之舜，謳歌者不謳歌堯之子而謳歌舜，故曰天也。夫然後之中國，踐天子位焉。而居堯之宫，逼堯之子，是篡也，非天與也。《太誓》曰：『天視自我民視，天聽自我民聽。』此之謂也。」

堯不能以天下私與舜，非孟子不足以識之。天視自我民視，天聽自我民聽，誠哉是言也！後世以天人爲二道者，豈窮天人之理者哉？

萬章問曰：「人有言：『至於禹而德衰，不傳於賢而傳於子。』有諸？」孟子曰：「否，不然也。天與賢，則與賢。天與子，則與子。昔者舜薦禹於天，十有七年，舜崩。三年之喪畢，禹避舜之子於陽城。天下之民從之，若堯崩之後，不從堯之子而從舜也。禹薦益於天，七年，禹崩。三年之喪畢，益避禹之子於箕山之陰。朝覲、訟獄者不之益而之啓，曰：『吾君之子也。』謳歌者不謳歌益而謳歌啓，曰：『吾君之子也。』丹朱之不肖，舜之子亦不肖。舜之相堯，禹之相舜也，歷年多，施澤於民久。啓賢，能敬承繼禹之道。益之相禹也，歷年少，施澤於民未久。舜、禹、益相去久遠，其子之賢不肖，皆天也，非人之所能爲也。莫之爲而爲者，天也。莫之致而至者，命也。匹夫而有天下者，德必若舜、禹，而又有天子薦之者，故仲尼不有天下。繼世以有天下，天之所廢，必若桀、紂者也，故益、伊尹、周公不有天下。伊尹相湯，以王於天下。湯崩，太丁未立，外丙二年，仲壬四年。

太甲顛覆湯之典刑，伊尹放之於桐。三年，太甲悔過，自怨自艾，於桐處仁遷義。三年，以聽伊尹之訓己也，復歸于亳。周公之不有天下，猶益之於夏，伊尹之於殷也。孔子曰：『唐、虞禪，夏后、殷、周繼，其義一也。』」

孔子曰：「唐、虞禪，夏后、殷、周繼，其義一也。」唯孟子識之，故曰天與賢，則與賢；天與子，則與子。舜、禹、益相去久遠，其子之賢、不肖，非人之所能爲也。知前聖之心者，無如孔子。繼孔子者，孟子而已。

萬章問曰：「人有言：『伊尹以割烹要湯。』有諸？」孟子曰：「否，不然。伊尹耕於有莘之野，而樂堯、舜之道焉。非其義也，非其道也，禄之以天下，弗顧也。繫馬千駟，弗視也。非其義也，非其道也，一介不以與人，一介不以取諸人。湯使人以幣聘之，囂囂然曰：『我何以湯之聘幣爲哉？我豈若處畎畝之中，由是以樂堯、舜之道哉？』湯三使往聘之，既而幡然改曰：『與我處畎畝之中，由是以樂堯、舜之道，吾豈若使是君爲堯、舜之君哉？吾豈若使是民爲堯、舜之民哉？吾豈若於吾身親見之哉？天之生此民也，使先知覺後知，使先覺覺後覺也。予天民之先覺者也，予將以斯道覺斯民也。非予覺之，而誰也？』思天下之民匹夫匹婦有不被堯、舜之澤者，若己推而内之溝中。其自任以天下之重如此，故就湯而説之以伐夏救民。吾未聞枉己而正人者也，况辱己〔二〕以正

〔二〕「己」，底本脱，據集注本補。

天下者乎？　聖人之行不同也，或遠或近，或去或不去，歸潔其身而已矣。吾聞其以堯、舜之道要湯，未聞以割烹也。《伊訓》曰：『天誅造攻自牧宮，朕載自亳。』」

宜乎！　君子之所爲，衆人不識也。

萬章問曰：「或謂孔子於衛主癰疽，於齊主侍人瘠環，有諸乎？」孟子曰：「否，不然也。好事者爲之也。於衛主顔讎由。彌子之妻與子路之妻，兄弟也。彌子謂子路曰：『孔子主我，衛卿可得也。』子路以告。孔子曰：『有命。』孔子進以禮，退以義，得之、不得曰『有命』。而主癰疽與侍人瘠環，是無義、無命也。孔子不悦於魯、衛，遭宋桓司馬將要而殺之，微服而過宋。是時孔子當阨，主司城貞子，爲陳侯周臣。吾聞觀近臣，以其所爲主；觀遠臣，以其所主。若孔子主癰疽與〔一〕侍人瘠環，何以爲孔子？」

觀近臣，以其所主；觀遠臣，以其所爲主。此不易之論，萬世之法也。萬章親炙孟子，猶於或説有疑焉，惡在其知義、命哉？　去聖愈遠，邪説異論蓋不止於此矣。

萬章問曰：「或曰：『百里奚自鬻於秦養牲者五羊之皮，食牛，以要秦穆公。』信乎？」孟子曰：「否，不然。好事者爲之也。百里奚，虞人也。晉人以垂棘之璧與屈産之乘，假道於虞以伐

〔一〕「與」，底本誤作「於」，據集注本改。

虢。宮之奇諫。百里奚不諫，知虞公之不可諫而去，之秦，年已七十矣。曾不知以食牛干秦穆公之爲汙也，可謂智乎？不可諫而不諫，可謂不智乎？知虞公之將亡而先去之，不可謂不智也。時舉於秦，知穆公之可與有行也而相之，可謂不智乎？相秦而顯其君於天下，可傳於後世，不賢而能之乎？自鬻以成其君，鄉黨自好者不爲，而謂賢者爲之乎？」

當是時也，好事者之論，大率類此，蓋以其不正之心度聖賢故也。

萬章章句下

孟子曰：「伯夷目不視惡色，耳不聽惡聲；非其君不事，非其民不使；治則進，亂則退；横政之所出，横民之所止，不忍居也；思與鄉人處，如以朝衣、朝冠坐於塗炭也；當紂之時，居北海之濱，以待天下之清也。故聞伯夷之風者，頑夫廉，懦夫有立志。伊尹曰：『何事非君？何使非民？』治亦進，亂亦進。曰：『天之生斯民也，使先知覺後知，使先覺覺後覺。予天民之先覺者也，予將以此道覺此民也。』思天下之民匹夫匹婦有不與被堯、舜之澤者，若己推而内之溝中，其自任以天下之重也。柳下惠不羞汙君，不辭小官；進不隱賢，必以其道；遺佚而不怨，阨窮而不憫；與鄉人處，由由然不忍[一]去也。『爾爲爾，我爲我，雖袒裼裸裎於我側，爾焉能浼我哉？』故聞柳下惠之風者，鄙夫寬，薄夫敦。孔子之去齊，接淅而行；去魯，曰：『遲遲吾行也。』去父母國之道也。可以速而速，可以久而久，可以處而處，可以仕而仕，孔子也。」孟子[二]曰：「伯夷，聖之清者也。伊

[一] 「忍」，底本誤作「然」，據集注本改。
[二] 「孟子」，底本誤作「孔子」，據集注本改。

尹，聖之任者也。柳下惠，聖之和者也。孔子，聖之時者也。孔子之謂集大成。集大成也者，金聲而玉振之也。金聲也者，始條理也。玉振之也者，終條理也。始條理者，智之事也。終條理者，聖之事也。智，譬則巧也。聖，譬則力也。由射於百步之外也，其至，爾力也。其中，非爾力也。」

孔子集大成，或清、或任、或和也。金聲，則有隆殺。玉振，則始終如一。始條理者，猶可以用智。終條理者，則智不容於其間矣。譬夫射遠焉，至者，可以謂之力。中者，非力也。中者，未必能遠。遠者，力也。

北宮錡問曰：「周室班爵祿也，如之何？」孟子曰：「其詳不可得聞也。諸侯惡其害己也，而皆去其籍。然而軻也，嘗聞其略也。天子一位，公一位，侯一位，伯一位，子、男同一位，凡五等也。君一位，卿一位，大夫一位，上士一位，中士一位，下士一位，凡六等。天子之制地方千里，公、侯皆方百里，伯七十里，子、男五十里，凡四等。不能五十里，不達於天子，附於諸侯，曰附庸。天子之卿受地視侯，大夫受地視伯，元士受地視子、男。大國地方百里，君十卿祿，卿祿四大夫，大夫倍上士，上士倍中士，中士倍下士，下士與庶人在官者同祿，祿足以代其耕也。次國地方七十里，君十卿祿，卿祿三大夫，大夫倍上士，上士倍中士，中士倍下士，下士與庶人在官者同祿，祿足以代其耕也。小國地方五十里，君十卿祿，卿祿二大夫，大夫倍上士，上士倍中士，中士倍下士，下士與庶人在官者同祿，祿足以代其耕也。耕者之所獲，一夫百畝。百畝之糞，上農夫食九人，上次食八人，中食七人，中次食六人，下食五人。庶人在官者，其祿以是爲差。」

當孟子之時，周室之制固已不見其籍矣，而况繼之以秦火之後哉？

萬章問曰：「敢問友。」孟子曰：「不挾長，不挾貴，不挾兄弟而友。友也者，友其德也，不可以有〔二〕挾也。孟獻子，百乘之家也，有友五人焉：樂正裘、牧仲，其三人則予忘之矣。獻子之與此五人者友也，無獻子之家者也。此五人者，亦有獻子之家，則不與之友矣。非惟百乘之家爲然也，雖小國之君亦有之。費惠公曰：『吾於子思，則師之矣。吾於顔般，則友之矣。王順、長息則事我者也。』非惟小國之君爲然也，雖大國之君亦有之。晉平公之於亥唐也，入云則入，坐云則坐，食云則食。雖疏食菜羹，未嘗不飽，蓋不敢不飽也。然終於此而已矣，弗與共天位也，弗與治天職也，弗與食天禄也。士之尊賢者也，非王公之尊賢也。舜尚見帝，帝館甥于貳室，亦饗舜，迭爲賓主〔三〕，是天子而友匹夫也。用下敬上，謂之貴貴。用上敬下，謂之尊賢。貴貴、尊賢，其義一也。」

堯之尊賢，真所謂尊賢也。

萬章問曰：「敢問交際何心也？」孟子曰：「恭也。」曰：「卻之卻之爲不恭，何哉？」曰：「尊者賜之，曰『其所取之者，義乎？不義乎？』而後受之，以是爲不恭，故弗卻也。」曰：「請無以辭卻

〔二〕「有」，底本誤作「友」，據集注本改。
〔三〕「主」，底本誤作「王」，據集注本改。

之，以心卻之，曰『其取諸民之不義也』，而以他辭無受，不可乎？」曰：「其交也以道，其接也以禮，斯孔子受之矣。」萬章曰：「今有禦人於國門之外者，其交也以道，其餽也以禮，斯可受禦與？」曰：「不可。《康誥》曰：『殺越人于貨，閔不畏死，凡民罔不譈。』是不待教而誅者也。殷受夏，周受殷，所不辭也。於今爲烈，如之何其受之？」曰：「今之諸侯取之於民也，猶禦也。苟善其禮際矣，斯君子受之，敢問何説也？」曰：「子以爲有王者作，將比今之諸侯而誅之乎？其教之不改而後誅之乎？夫謂非其有而取之者盜也，充類至義之盡也。孔子之仕於魯也，魯人獵較，孔子亦獵較。獵較猶可，而况受其賜乎？」曰：「然則孔子之仕也，非事道與？」曰：「事道也。」「事道奚獵較也？」曰：「孔子先簿正祭器，不以四方之食供簿正。」曰：「奚不去也？」曰：「爲之兆也。兆足以行矣，而不行，而後去，是以未嘗有所終三年淹也。孔子有見行可之仕，有際可之仕，有公養之仕[一]。於季桓子，見行可之仕也。於衛靈公，際可之仕也。於衛孝公，公養之仕也。」

不聞孟子之義，則自好也，爲於陵仲子而已。聖賢辭受進退，惟義所在。

孟子曰：「仕非爲貧也，而有時乎爲貧。娶妻非爲養也，而有時乎爲養。爲貧者，辭尊居卑，辭富居貧。辭尊居卑，辭富居貧，惡乎宜乎？抱關擊柝。孔子嘗爲委吏矣，曰『會計當而已矣』。

[一]「仕」字下，集注本有一「也」字。

嘗爲乘田矣，曰『牛羊茁壯，長而已矣』。位卑而言高，罪也。立乎人之本朝，而道不行，耻也。」

爲貧者不可以居尊，居尊者必欲以行道。

萬章曰：「士之不託諸侯，何也？」孟子曰：「不敢也。諸侯失國，而後託於諸侯，禮也。士之託於諸侯，非禮也。」萬章曰：「君餽之粟，則受之乎？」曰：「受之。」「受之何義也？」曰：「君之於氓也，固周之。」曰：「周之則受，賜〔二〕之則不受，何也？」曰：「不敢也。」曰：「敢問其不敢，何也？」曰：「抱關擊柝者，皆有常職以食於上。無常職而賜於上者，以爲不恭也。」曰：「君餽之，則受之，不識可常繼乎？」曰：「繆公之於子思也，亟問，亟餽鼎肉。子思不悦。於卒也，摽使者出諸大門之外，北面稽首再拜而不受。曰：『今而後知君之犬馬畜伋。』蓋自是臺無餽也。悦賢不能舉，又不能養也，可謂悦賢乎？」曰：「敢問國君欲養君子，如何斯可謂養矣？」曰：「以君命將之，再拜，稽首而受。其後廪人繼粟，庖人繼肉，不以君命將之，子思以爲鼎肉使己僕僕爾亟拜也，非養君子之道也。堯之於舜也，使其子九男事之，二女女焉，百官牛羊倉廪備，以養舜於畎畝之中，後舉而加諸上位，故曰王公之尊賢者〔三〕也。」

〔二〕「賜」，底本誤作「則」，據集注本改。

〔三〕「者」，底本脱，據集注本補。

孔子〔一〕於進退辭受言之備矣。

萬章曰：「敢問不見諸侯，何義也？」孟子曰：「在國曰市井之臣，在野曰草莽之臣，皆謂庶人。庶人不傳質爲臣，不敢見於諸侯，禮也。」萬章曰：「庶人，召之役，則往役。君欲見之，召之，則不往見之，何也？」曰：「往役，義也。往見，不義也。且君之欲見之也，何爲也哉？」曰：「爲其多聞也，爲其賢也。」曰：「爲其多聞也，則天子不召師，而況諸侯乎？爲其賢也，則吾未聞欲見賢而召之也。繆公亟見於子思，曰：『古千乘之國以友士，何如？』子思不悦，曰：『古之人有言：曰事之云乎，豈曰友之云乎？』子思之不悦也，豈不曰：『以位，則子君也，我臣也，何敢與君友也。以德，則子事我者也，奚可以與我友？』千乘之君求與之友，而不可得也，而況可召與？齊景公田，招虞人以旌，不至，將殺之。志士不忘在溝壑，勇士不忘喪其元，孔子奚取焉？取非其招不往也。」曰：「敢問招虞人何以？」曰：「以皮冠。庶人以旃，士以旂，大夫以旌。以大夫之招招虞人，虞人死不敢往。以士之招招庶人，庶人豈敢往哉？況乎以不賢人之招招賢人乎？欲見賢人而不以其道，猶欲其入，而閉之門也。夫義，路也。禮，門也。惟君子能由是路，出入是門也。《詩》云：『周道如底，其直如矢。君子所履，小人所視。』」萬章曰：「孔子，君命召，不俟駕而行。然則孔子非與？」曰：「孔子當仕有官職，而以其官召之也。」

〔一〕「孔子」，據上文當作「孟子」。

君子進退去就之義，孟子論之曲盡矣。聖賢之所守，蓋如此。

孟子謂萬章曰：「一鄉之善士，斯友一鄉之善士。一國之善士，斯友一國之善士。天下之善士，斯友天下之善士。以友天下之善士爲未足，又尚論古之人。頌其詩，讀其書，不知其人，可乎？是以論其世也，是尚友也。」

「是尚友也」，言所友每愈進而愈上也。「是以論其世也」，言上友〔一〕古人，須當論其所遇之時如何，不可一概而論也。又曰「誦其詩，讀其書」，而不論其世，則知之有不能盡。

齊宣王問卿，孟子曰：「王何卿之問也？」王曰：「卿不同乎？」曰：「不同。有貴戚之卿，有異姓之卿。」王曰：「請問貴戚之卿。」曰：「君有大過則諫，反覆之而不聽，則易位。」王勃然變乎色。曰：「王勿異也。王問臣，臣不敢不以正對。」王色定，然後請問異姓之卿。曰：「君有過則諫，反覆之而不聽，則去。」

事君有犯無隱，孟子之言每如此。或問：「孟子此言，豈不起後世彊臣擅廢立之事乎？」曰：「孟子此語，所以警戒齊王聽諫，欲其必諫，故其言深切。」

〔一〕「友」，底本误作「有」，据朱子本改。

告子章句上

告子曰："性猶杞柳也，義猶桮棬也。以人性爲仁義，猶以杞柳爲桮棬。"孟子曰："子能順杞柳之性而以爲桮棬乎？將戕賊杞柳而後以爲桮棬也？如將戕賊杞柳而以爲桮棬，則亦將戕賊人以爲仁義與？率天下之人而禍仁義者，必子之言夫！"

人性之無不善，告子所不知也。故孟子常言告子未嘗知義，以其外之也。

告子曰："性猶湍水也，決諸東方則東流，決諸西方則西流。人性之無分於善不善也，猶水之無分於東西也。"孟子曰："水信無分於東西，無分於上下乎？人性之善也，猶水之就下也。人無有不善，水無有不下。今夫水，搏而躍之，可使過顙。激而行之，可使在山。是豈水之性哉？其勢則然也。人之可使爲不善，其性亦猶是也。"

孟子傳聖人之道而得其真，高出荀、楊之上者，知性故也。

告子曰："生之謂性。"孟子曰："生之謂性也，猶白之謂白與？"曰："然。""白羽之白也，猶白雪之白。白雪之白，猶白玉之白與？」曰：「然。」「然則犬之性猶牛之性，牛之性猶人之性與？」

生之謂性者，自其所禀而言也。告子謂生之謂性是也。及乎孟子復問之，則其言非矣。

告子曰：「食、色，性也。仁，内也，非外也。義，外也，非内也。」孟子曰：「何以謂仁内、義外也？」曰：「彼長而我長之，非有長於我也；猶彼白而我白之，從其白於外也；故謂之外也。」曰：「異於白馬之白也，無以異於白人之白也。不識長馬之長也，無以異於長人之長與？且謂長者義乎？長之者義乎？」曰：「吾弟則愛之，秦人之弟則不愛也，是以我爲悦者也，故謂之内。長楚人之長，亦長吾之長，是以長爲悦者也，故謂之外也。」曰：「耆秦人之炙，無以異於耆吾炙。夫物則亦有然者也，然則耆炙亦有外與？」

告子以爲仁内、義外，不亦異哉？學者不知大本而妄論若此者多矣，無孟子，後世何所承乎？

孟季子問公都子，曰：「何以謂義内也？」曰：「行吾敬，故謂之内也。」「鄉人長於伯兄一歲，則誰敬？」曰：「敬兄。」「酌則誰先？」曰：「先酌鄉人。」「所敬在此，所長在彼，果在外，非由内也。」公都子不能答，以告孟子。孟子曰：「敬叔父乎？敬弟乎？彼將曰：『敬叔父。』曰：『弟爲尸，則誰敬？』彼將曰：『敬弟。』子曰：『惡在其敬叔父也？』彼將曰：『在位故也。』子亦曰：『在位故也。庸敬在兄，斯須之敬在鄉人。』」季子〔一〕聞之，曰：「敬叔父則敬，敬弟則敬，果在外，非由内也。」公都子曰：「冬日則飲湯，夏日則飲水，然則飲食亦在外也。」

不識大本，不足以議道，則不足爲難矣。

公都子曰：「告子曰：『性無善無不善也。』或曰：『性可以爲善，可以爲不善。是故文、武興，則民好善。幽、厲興，則民好暴。』或曰：『有性善，有性不善〔二〕。是故以堯爲君而有象，以瞽瞍爲父而有舜。以紂爲兄之子，且以爲君，而有微子啓、王子比干。』今曰『性善』，然則彼皆非與？」孟子曰：「乃若其性〔三〕，則可以爲善矣，乃所謂善也。若夫爲不善，非才之罪也。惻隱之心，人皆有之。羞惡之心，人皆有之。恭敬之心，人皆有之。是非之心，人皆有之。惻隱之心，仁也。羞惡之心，義也。恭敬之心，禮也。是非之心，智也。仁、義、禮、智，非由外鑠我也，我固有之也，弗思耳矣。故曰：『求則得之，舍則失之。』或相倍蓰而無算者，不能盡其才者也。《詩》曰：『天生蒸民，有物有則。民之秉〔四〕夷，好是懿德。』孔子曰：『爲此詩者，其知道乎？故有物必有則，民之秉〔五〕

〔一〕「子」，底本誤作「之」，據集注本改。
〔二〕「善」，底本誤作「性」，據集注本改。
〔三〕「性」，集注本作「情」。
〔四〕「秉」，底本誤作「表」，據集注本改。
〔五〕「秉」，底本誤作「表」，據集注本改。

夷也，故好是懿德。』」

乃若其情，則可以爲善，孟子所謂之性也。至於善惡異趨，賢愚異習，豈其本然哉？此諸子之惑也。

孟子曰：「富歲子弟多賴，凶歲子弟多暴，非天之降才爾殊也，其所以陷溺其心者然也。今夫麰麥，播種而耰之，其地同，樹之時又同，浡然而生，至於日至之時，皆熟矣。雖有不同，則地有肥磽，雨露之養，人事之不齊也。故凡同類者，舉相似也，何獨至於人而疑之？聖人，與我同類者。故龍子曰：『不知足而爲屨，我知其不爲蕢也。』屨之相似，天下之足同也。口之於味，有同耆也。易牙先得我口之所耆者也。如使口之於味也，其性與人殊，若犬馬之與我不同類也，則天下何耆皆從易牙之於味也？至於味，天下期於易牙，是天下之口相似也。惟耳亦然。至於聲，天下期於師曠，是天下之耳相似也。惟目亦然。至於子都，天下莫不知其姣也。不知子都之姣者，無目者也。故曰：口之於味也，有同耆焉。耳之於聲也，有同聽焉。目之於色也，有同美焉。至於心，獨無所同然乎？心之所同然者何也？謂理也，義也。聖人先得我心之所同然耳。故理、義之悦我心，猶芻豢之悦我口。」

知大本者，無如孟子。善論學者，亦無如孟子。故曰：「非天之降才爾殊也。」又曰：「仁亦在夫熟之而已。」

孟子曰：「牛山之木嘗美矣，以其郊於大國也，斧斤伐之，可以爲美乎？是其日夜之所息，雨露之所潤，非無萌蘖之生焉，牛羊又從而牧之，是以若彼濯濯也。人見其濯濯也，以爲未嘗有材焉，此豈山之性也哉？雖存乎人者，豈無仁義之心哉？其所以放其良心者，亦猶斧斤之於木也，旦旦而伐之，可以爲美乎？其日夜之所息，平旦之氣，其好惡與人相近也者幾希，則其旦晝之所爲，有梏亡之矣。梏之反覆，則其夜氣不足以存。夜氣不足以存，則其違禽獸不遠矣。人見其禽獸也，而以爲未嘗有才焉者，是豈人之情也哉？故苟得其養，無物不長。苟失其養，無物不消。孔子曰：『操則存，舍則亡。出入無時，莫知其鄉。』惟心之謂與？」

人之失其良心者類如此，在養與不養而已。

孟子曰：「無或乎王之不智也，雖有天下易生之物也，一日暴之，十日寒之，未有能生者也。吾見亦罕矣，吾退而寒之者至矣，吾如有萌焉何哉？今夫弈之爲數，小數也。不專心致志，則不得也。弈秋，通國之善弈者〔二〕。使弈秋誨二人弈，其一人專心致志，惟弈秋之爲聽；一人雖聽之，一心以爲有鴻鵠將至，思援弓繳而射之；雖與之俱學，弗若之矣。爲是其智弗若與，曰：「非然也。」

〔二〕「者」字下，集注本有一「也」字。

君子孤立而聽〔一〕不專，難乎爲功也。弈之小數，不專心則不得，而況於爲善乎？

孟子曰：「魚，我所欲也。熊掌，亦我所欲也。二者不可得兼，舍魚而取熊掌者也。生，亦我所欲也。義，亦我所欲也。二者不可得兼，舍生而取義者也。生，亦我所欲，所欲有甚於生者，故不爲苟得也。死，亦我所惡，所惡有甚於死者，故患有所不辟也。如使人之所欲莫甚於生，則凡可以得生者，何不用也？使人之所惡莫甚於死者，則凡可以辟患者，何不爲也？由是則生而有不用也，由是則可以辟患而有不爲也。是故所欲有甚於生者，所惡有甚於死者，非獨賢者有是心也，人皆有之，賢者能勿喪耳。一簞食，一豆羹，得之則生，弗得則死。嘑爾而與之，行道之人弗受。蹴爾而與之，乞人不屑也。萬鍾則不辨禮義而受之，萬鍾於我何加焉？爲宫室之美、妻妾之奉、所識窮乏者得我與？鄉爲身死而不受，今爲宫室之美爲之。鄉爲身死而不受，今爲妻妾之奉爲之。鄉爲身死而不受，今爲所識窮乏者得我而爲之。是亦不可以已乎？此之謂失其本心。」

一爲外物所遷，則失其本心。所貴夫學者，不失其本心而已。

孟子曰：「仁，人心也。義，人路也。舍其路而弗由，放其心而不知求，哀哉！人有雞犬放，則知求之。有放心，而不知求。學問之道無他，求其放心而已矣。」

〔一〕「聽」，朱子本無。

識心性之真而知學之要，孟子之賜後學多矣。

孟子曰：「今有無名之指，屈而不信，非疾痛害事也，如有能信之者，則不遠秦、楚之路，爲指之不若人也。指不若人，則知惡之。心不若人，則不知惡。此之謂不知〔一〕也。」

學者何所事乎？心而已。

孟子曰：「拱把之桐梓，人苟欲生之，皆知所以養之者。至於身，而不知所以養之者，豈愛身不若桐梓哉？弗思甚也。」

所以養者，後學猶不知也。非爲不知，知之亦莫能養也。

孟子曰：「人之於身也，兼所愛。兼所愛，則兼所養也。無尺寸之膚不愛焉，則無尺寸之膚不養也。所以考其善不善者，豈有他哉！於己取之而已矣。體有貴賤，有小大。無以小害大，無以賤害貴。養其小者爲小人，養其大者爲大人。今有場師，舍其梧檟，養其樲棘，則爲賤場師焉。養其一指而失其肩背，而不知也，則爲狼疾人也。飲食之人，則人賤之矣，爲其養小以失大也。飲食之人無有失也，則口腹豈適爲尺寸之膚哉？」

〔一〕「知」字下，集注本有一「類」字。

趙岐謂大者，心志是也。

公都子問曰：「鈞是人也，或爲大人，或爲小人，何也？」孟子曰：「從其大體爲大人，從其小體爲小人。」曰：「鈞是人也，或從其大體，或從其小體，何也？」曰：「耳目之官不思，而蔽於物，物交物，則引之而已矣。心之官則思，思則得之，不思則不得也。此天之所〔二〕與我者。先立乎其大者，則其小者不能奪也，此爲大人而已矣。」

其外不爲物所引，内則思而得之，立乎其大者也。大者不立，其爲小人也，無疑矣。

孟子曰：「有天爵者，有人爵者。仁、義、忠、信，樂善不倦，此天爵也。公、卿、大夫，此人爵也。古之人脩其天爵，而人爵從之。今之人脩其天爵，以要人爵。既得人爵，而棄其天爵。則惑之甚者也，終亦必亡而已矣。」

莫之貴而貴者，故曰天。待人而後得者，故曰人。顛倒錯謬失其本心者，皆喪天爵者也。

孟子曰：「欲貴者，人之同心也。人人有貴於己者，弗思耳。人之所貴者，非良貴也。趙孟之所貴，趙孟能賤之。《詩》云：『既醉以酒，既飽以德。』言飽乎仁義也，所以不願人之膏粱之味也。令聞廣譽施於身，所以不願人之文繡也。」

〔二〕「所」，底本脱，據集注本補。

是亦天爵之義。在我者重，則外物輕。

孟子曰：「仁之勝不仁也，猶水勝火。今之爲仁者，猶以一杯水救一車薪之火也。不熄，則謂之水不勝火。此又與於不仁之甚者也，亦終必亡而已矣。」

一日暴之，十日寒之，亦猶是也。

孟子曰：「五穀者，種之美者也。苟爲不熟，不如荑稗。夫仁，亦在乎熟之而已矣。」

日新而不已，則熟。

孟子曰：「羿之教人射，必志於彀，學者亦必志於彀。大匠誨人，必以規矩，學者亦必以規矩。」

不以法式，則不可以語學。盡法式，然後可以至乎成，其中、其巧則成矣。教者不能與人中、巧，在夫學者勉與不勉耳。

告子章句下

任人有問屋廬子，曰：「禮與食孰重？」曰：「禮重。」「色與禮孰重？」曰：「禮重。」曰：「以禮食，則飢而死。不以禮食，則得食。必以禮乎？親迎，則不得妻。不親迎，則得妻。必親迎乎？」屋廬子不能對，明日之鄒以告孟子。孟子曰：「於答是也何有？不揣其本而齊其末，方寸之木可使高於岑樓。金重於羽者，豈謂一鉤金與一輿羽之謂哉？取食之重者，與禮之輕者而比之，奚翅食重？取色之重者，與禮之輕者而比之，奚翅色重？往應之曰：『紾兄之臂而奪之食，則得食。不紾，則不得食。則將紾之乎？踰東家墻而摟其處子，則得妻。不摟，則不得妻。則將摟之乎？』」

任人所言者，利害也。孟子之所言者，禮義也。苟以利害言，則何止乎重而已。

曹交問曰：「人皆可以爲堯舜，有諸？」孟子曰：「然。」「交聞文王十尺，湯九尺，今交九尺四寸〔二〕以長，食粟而已，如何則可？」曰：「奚有於是？亦爲之而已矣。有人於此，力不能勝一匹雛，則爲無力人矣。今曰舉百鈞，則爲有力人矣。然則舉烏獲之任，是亦爲烏獲而已矣。夫人豈以不勝爲患哉？弗爲耳。徐行後長者謂之弟，疾行先長者謂之不弟。夫徐行者，豈人所不能哉？所不爲也。堯、舜之道，孝弟而已矣。子服堯之服，誦堯之言，行堯之行，是堯而已矣。子服桀之服，誦桀之言，行桀之行，是桀而已矣。」曰：「交得見於鄒君，可以假館，願留而受業於門。」曰：「夫道，若大路然，豈難知哉？人病不求耳。子歸而求之，有餘師。」

道若大路，人皆由之，在爲與不爲而已。

公孫丑問曰：「高子曰：『《小弁》，小人之詩也。』」孟子曰：「何以言之？」曰：「怨。」曰：「固哉！高叟之爲詩也。有人於此，越人關弓而射之，則己談笑而道之。無他，疏之也。其兄關弓而射之，則己垂涕泣而道之。無他，戚之也。《小弁》之怨，親親也。親親，仁也。固矣夫，高叟之爲詩也！」曰：「《凱風》何以不怨？」曰：「《凱風》，親之過小者也。《小弁》，親之過大者也。親之過大而不怨，是愈疏也。親之過小而怨，是不可磯也。愈疏，不孝也。不可磯，亦不孝也。孔子曰：『舜其至孝矣，五十而慕。』」

〔二〕「寸」，底本誤作「尺」，據集注本改。

疏之、戚之，至情也。於親而不用其仁，烏在其孝也。

宋牼將之楚，孟子遇於石丘，曰：「先生將何之？」曰：「吾聞秦、楚構兵，我將見楚王說而罷之。楚王不悦，我將見秦王說而罷之。二王我將有所遇焉。」曰：「軻也請無問其詳，願聞其指，說之將何如？」曰：「我將言其不利也。」曰：「先生之志則大矣，先生之號則不可。先生以利說秦、楚之王，秦、楚之王悦於利，以罷三軍之師，是三軍之士樂罷而悦於利也。爲人臣者懷利以事其君，爲人子者懷利以事其父，爲人弟者懷利以事其兄，是君臣、父子、兄弟終去仁義，懷利以相接，然而不亡者，未之有也。先生以仁義說秦、楚之王，秦、楚之王悦於仁義，而罷三軍之師，是三軍之士樂罷而悦於仁義也。爲人臣者懷仁義以事其君，爲人子者懷仁義以事其父，爲人弟者懷仁義以事其兄，是君臣、父子、兄弟去利，懷仁義以相接也，然而不王者，未之有也。何必曰利！」

當是時，以利害誘説爲能者多矣。天下知利而不知義，故孟子拔本塞源而救之。其與人言也，一斷之以正而已。

孟子居鄒，季任爲任處守，以幣交，受之而不報。處於平陸，儲子爲相，以幣交，受之而不報。他日，由鄒之任，見季子。由平陸之齊，不見儲子。屋廬子喜曰：「連得間矣。」問曰：「夫子之任，見季子。之齊，不見儲子。爲其爲相與？」曰：「非也。《書》曰：『享多儀，儀不及物曰不享，惟不役志于享。』爲其不成享也。」屋廬子悦。或問之，屋廬子曰：「季子不得之鄒，儲子得之平陸。」

禮者，宜而已。

淳于髡曰：「先名實者，爲人也。後名實者，自爲也。夫子在三卿之中，名實未加於上下而去之，仁者固如此乎？」孟子曰：「居下位，不以賢事不肖者，伯夷也。五就湯，五就桀者，伊尹也。不惡汙君，不辭小官者，柳下惠也。三子者不同道，其趨一也。一者何也？曰仁也，君子亦仁而已矣，何必同。」曰：「魯繆公之時，公儀子爲政，子柳、子思爲臣，魯之削也滋甚。若是乎，賢者之無益於國也？」曰：「虞不用百里奚而亡，秦穆公用之而霸。不用賢則亡，削何可得與？」曰：「昔者王豹處於淇，而河西善謳。緜駒處於高唐，而齊右善歌。華周、杞梁之妻善哭其夫，而變國俗。有諸內，必形諸外。爲其事，而無其功者，髡未嘗覩之也。是故無賢者也，有則髡必識之。」曰：「孔子爲魯司寇，不用。從而祭，膰肉不至，不稅冕而行。不知者以爲爲肉也，其知者以爲爲無禮也。乃孔子則欲以微罪行，不欲爲苟去。君子之所爲，衆人固不識也。」

淳于髡未嘗知仁，亦未嘗識賢也。宜乎其言若是。

孟子曰：「五霸者，三王之罪人也。今之諸侯，五霸之罪人也。今之大夫，今之諸侯之罪人也。天子適諸侯曰巡狩，諸侯朝於天子曰述職。春省耕而補不足，秋省斂而助不給。入其疆，土地辟，田野治，養老尊賢，俊傑在位，則有慶，慶以地。入其疆，土地荒蕪，遺老失賢，掊克在位，則有讓。一不朝，則貶其爵。再不朝，則削其地。三不朝，則六師移之。是故天子討而不伐，諸侯伐而不討。五霸者，摟諸侯以伐諸侯者也，故曰五霸者，三王之罪人也。五霸，桓公爲盛。葵丘之會，諸侯束牲載書而不歃血。初命曰：『誅不孝，無易樹子，無以妾爲妻。』再命曰：『尊賢育才，以彰有德。』三命曰：『敬老慈幼，無忘賓旅。』四命曰：『士無世官，官事無攝，取士必得，無專殺大夫。』五命曰：『無曲防，無遏糴，無有封而不告。』曰：『凡我同盟之人，既盟之後，言歸于好。』今之諸侯皆犯此五禁，故曰今之諸侯，五霸之罪人也。長君之惡其罪小，逢君之惡其罪大。今之大夫皆逢君之惡，故曰今之大夫，今之諸侯之罪人也。」

孟子歷陳五霸、諸侯之罪，與夫逢君之惡者，當時莫知其罪也。世衰道微，非孟子，其誰制之。

魯欲使慎子爲將軍。孟子曰：「不教民而用之，謂之殃民。殃民者，不容於堯、舜之世。一戰勝齊，遂有南陽，然且不可。」慎子勃然不悦，曰：「此則滑釐所不識也。」曰：「吾明告子：天子之地方千里，不千里不足以待諸侯。諸侯之地方百里，不百里不足以守宗廟之典籍。周公之封於魯，爲方百里也。地非不足，而儉於百里。太公之封於齊也，亦爲方百里也。地非不足也，而儉於百里。今魯方百里者五，子以爲有王者作，則魯在所損乎？在所益乎？徒取諸彼以與此，然且仁者不爲，况於殺人以求之乎？君子之事君也，務引其君以當道，志於仁而已。」

當時之君臣莫或知此，天下所以紛紛，而戰争之不息也。

孟子曰：「今之事君者曰：『我能爲君辟土地，充府庫。』今之所謂良臣，古之所謂民賊也。君不鄉道，不志於仁，而求富之，是富桀也。『我能爲君約與國，戰必克。』今之所謂良臣，古之所謂民賊也。君不鄉道，不志於仁，而求爲之强戰，是輔桀也。由今之道，無變今之俗，雖與之天下，不能一朝居也。」

不改其道而變其俗，則終不可治。

白圭曰：「吾欲二十而取一，何如？」孟子曰：「子之道，貉道也。萬室之國，一人陶，則可乎？」曰：「不可，器不足用也。」曰：「夫貉，五穀不生，惟黍生之。無城郭、宫室、宗廟、祭祀之禮，無諸侯幣帛饔飧，無百官有司，故二十取一而足也。今居中國，去人倫，無君子，如之何其可也？陶以寡，且不可以爲國，況無君子乎？欲輕之於堯、舜之道者，大貉、小貉也。欲重之於堯、舜之道者，大桀、小桀也。」

白圭曰：「丹之治水也愈於禹。」孟子曰：「子過矣。禹之治水，水之道也，是故禹以四海爲壑。今吾子以鄰國爲壑。水逆行，謂之洚〔二〕水。洚〔三〕水者，洪水也，仁人之所惡也。吾子過矣。」

事不師古，何以永世？以治稅、治水之言觀之，白圭可謂妄人矣。

〔二〕「洚」，底本误作「浲」，据集注本改。
〔三〕「洚」，底本误作「浲」，据集注本改。

孟子曰："君子不亮，惡乎執？"

君子所執者，信也。舍信，則何所依據也。

魯欲使樂正子爲政。孟子曰："吾聞之，喜而不寐。"公孫丑曰："樂正子强乎？"曰："否。""有知慮乎？"曰："否。""多聞識乎？"曰："否。""然則奚爲喜而不寐？"曰："其爲人也好善。""好善足乎？"曰："好善優於天下，而况魯國乎？夫苟好善。則四海之内皆將輕千里而來，告之以善。夫苟不好善，則人將曰：『訑訑，予既已知之矣。』訑訑之聲音顏色，距人於千里之外。士止於千里之外，則讒諂面諛之人至矣。與讒諂面諛之人居，國欲治，可得乎？"

好善優於天下，真知言哉。

陳子曰："古之君子何如則仕？"孟子曰："所就三，所去三。迎之致敬以有禮，言將行其言也，則就之。禮貌未衰，言弗行也，則去之。其次，雖未行其言也，迎之致敬以有禮，則就之。禮貌衰，則去之。其下，朝不食，夕不食，飢餓不能出門户。君聞之，曰：『吾大者不能行其道，又不能從其言也，使飢餓於我土地，吾耻之。』周之，亦可受也，免死而已矣。"

士之仕也，必歸於正道。聽言爲上，禮貌次之，至於免死則下矣。

孟子曰："舜發於畎畝之中，傅説舉於版築之間，膠鬲舉於魚鹽之中，管夷吾舉於士，孫叔敖舉於海，百里奚舉於市。故天將降大任於是人也，必先苦其心志，勞其筋骨，餓其體膚，空乏其身，行拂亂其所爲，所以動心忍性，曾益其所不能。人恒過，然後能改。困於心，衡於慮，而後作。徵於色，發於聲，而後喻。入則無法家拂士，出則無敵國外患者，國恒亡。然後知生於憂患，而死於安樂也。」

困窮拂鬱，能堅人之志，而熟人之仁。以安樂失之者，多矣。

孟子曰：「教亦多術矣。予不屑之教誨也者，是亦教誨之而已矣。」

教者，或抑、或揚，或與、或不與，各因其才而篤之故也。

盡心章句上

孟子曰：「盡其心者，知其性也。知其性，則知天矣。存其心，養其性，所以事天也。殀〔一〕壽不貳，脩身以俟之，所以立命也。」

或曰心、或曰性、或曰天，一理也。自理而言，謂之天。自稟受而言，謂之性。自存諸人而言，謂之心。盡其心則知性，知天矣。存之、養之，所以得天理也。殀壽不貳其心者，所以立命。

孟子曰：「莫非命也，順受其正。是故知命者，不立乎巖墻之下。盡其道而死者，正命也。桎梏死者，非正命也。」

雖曰命也，又必知其正與不正。君子所言者正命也。又其上則義而已，不曰命。

孟子曰：「求則得之，舍則失之，是求有益於得也，求在我者也。求之有道，得之有命，是求無

〔一〕「殀」，底本誤作「妖」，據集注本改。

益於得也，求在外者也。」

求在我者，則必得之。求在外者，則有不得之理。是以君子猶以命爲外也。以之爲外，所以行一不義，役一不辜，雖得天下，亦不爲也。

孟子曰：「萬物皆備於我矣。反身而誠，樂莫大焉。强恕而行，求仁莫近焉。」

萬物皆備天理也。反身而誠，謂行而不慊於心也。强恕而行，誠之者也。

孟子曰：「行之而不著焉，習矣而不察焉，終身由之而不知其道者，衆也。」

誰能出不由户？何莫由斯道也。然而行之而不明曉，習矣而不省察，由道而不知者，衆也。

孟子曰：「人不可以無耻。無耻之耻，無耻矣。」

人知其所耻，然後能改過遷善。

孟子曰：「耻之於人大矣。爲機變之巧者，無所用耻焉。不耻不若人，何若人有？」

爲機變之巧以自欺者，何若人之有？

孟子曰：「古之賢王好善而忘勢，古之賢士何獨不然？樂其道而忘人之勢，故王公不致敬盡禮，則不得亟見之。見且由不得亟，而況得而臣之乎。」

人君能下賢而好善，賢者不慕勢而好利，以如是而相遇，然後可以有爲於時。

孟子謂宋句踐曰：「子好遊乎？吾語子遊。人知之，亦囂囂。人不知，亦囂囂。」曰：「何如斯可以囂囂矣？」曰：「尊德樂義，則可以囂囂矣。故士窮不失義，達不離道。窮不失義，故士得己焉。達不離道，故民不失望焉。古之人得志，澤加於民。不得志，脩身見於世。窮則獨樂〔一〕其身，達則兼善天下。」

古之人得志，澤加於民。不得志，則脩身見於世。此其所以囂囂也。如此，則無怨尤，不改樂。

孟子曰：「待文王而後興者，凡民也。若夫豪傑之士，雖無文王猶興。」

言君子之特立也。

孟子曰：「附之以韓、魏之家，如其自視欿然，則過人遠矣。」

有過人之識，則不以富貴爲事。

孟子曰：「以佚道使民，雖勞不怨。以生道殺民，雖死不怨〔二〕殺者。」

〔一〕「樂」，集注本作「善」。
〔二〕「怨」字下，底本衍「不怨」二字，據集注本删。

以佚道勞民，乘屋播穀之類是也。以生道殺民，除害去惡之類是也。此其所以不怨。

孟子曰：「霸者之民，驩虞如也。王者之民，皞皞如也。殺之而不怨，利之而不庸，民日遷善，而不知爲之者。夫君子所過者化，所存者神，上下與天地同流，豈曰小補之哉？」

臣聞之師曰：「所過者化，身所經也。所存者神，心所主也。立之斯立，道之斯行，綏之斯來，動之斯和，是以民皞皞爾。」

孟子曰：「仁言，不如仁聲之入人深也。善政，不如善教之得民也。善政，民畏之。善教，民愛之。善政，得民財。善教，得民心。」

仁言，出於上之言也。仁聲，得於下之聲也。善政制民，善教化民也。

孟子曰：「人之所不學而能者，其良能也。所不慮而知者，其良知也。孩提之童，無不知愛其親者。及其長也，無不知敬其兄也。親親，仁也。敬長，義也。無他，達之天下也。」

良知、良能，與生俱生者也。仁義，出於人心之所同。然君子不失是，而達之天下耳。

孟子曰：「舜之居深山之中，與木石居，與鹿豕遊，其所以異於深山之野人者幾希。及其聞一善言，見一善行，若决江河，沛然莫之能禦也。」

聞一善言，見一善行，而若决江河，非無我何以臻此？

孟子曰：「無爲其所不爲，無欲其所不欲，如此而已矣。」

羞惡是非之心，人皆有之，不失其心而已。

孟子曰：「人之有德慧術智者，恒存乎疢疾。獨孤臣孽子，其操心也危，其慮患也深，故達。」

達，謂達盡事理。

孟子曰：「有事君人者，事是君則爲容悦者也。有安社稷臣者，以安社稷爲悦者也。有天民者，達可行於天下而後行之者也。有大人者，正己而物正者也。」

以事君爲容悦者，佞臣也。以安社稷爲悦者，忠臣也。天民，則若伊尹、傅説之未遇也。所過者化，所存者神，大人其能之矣。

孟子曰：「君子有三樂，而王天下不與存焉。父母俱存，兄弟無故，一樂也。仰不愧於天，俯不怍於人，二樂也。得天下英才而教育之，三樂也。君子有三樂，而王天下不與存焉。」

父母俱存，兄弟無故，樂得於天也。仰不愧，俯不怍，樂得於己也。得天下英才而教育之，樂施諸人也。

孟子曰：「廣土衆民，君子欲之，所樂不存焉。中天下而立，定四海之民，君子樂之，所性不存焉。君子所性，雖大行不加焉，雖窮居不損焉，分定故也。君子所性，仁義禮智根於心。其生色也，睟然見於面，盎於背，施於四體，四體不言而喻。」

君子之學，性而已，豈以窮達而加損哉？四體不言而喻，可僞爲哉？非孟子深造之，不能爲是言也。

孟子曰：「伯夷辟紂，居北海之濱。聞文王作興，曰：『盍歸乎來！吾聞西伯善養老者。』太〔二〕公辟紂，居東海之濱，聞文王作興，曰：『盍歸乎來。吾聞西伯善養老者！』天下有善養老，則仁人以爲己歸矣。五畝之宅，樹墻下以桑，匹婦蠶之，則老者足以衣帛矣。五母雞，二母彘，無失其時，老者足以無失肉矣。百畝之田，匹夫耕之，八口之家足以無飢矣。所謂西伯善養老者，制其田里，教之樹畜，導其妻子，使養其老。五十非帛不暖，七十非肉不飽。不煖不飽，謂之凍餒。文王之民，無凍餒之老者，此之謂也。」

王政之始，必本於民無凍餒。其本不治，未有能成善政者也。孟子見之，明言之，屢也。

孟子曰：「易其田疇，薄其税歛，民可使富也。食之以時，用之以禮，財不可勝用也。民非水火不生活，昏暮叩人之門户求水火，無弗與者，至足矣。聖人治天下，使有菽粟如水火。菽粟如水火，而民焉有不仁者乎？」

富歲子弟多賴，凶歲子弟多暴。民無常産，則無常心，勢使之然也。故知禮義生於富足。

孟子曰：「孔子登東山而小魯，登太山而小天下。故觀於海者難爲水，遊於聖人之門者難爲

〔二〕「太」，底本誤作「大」，據集注本改。

言。觀水有術，必觀其瀾。日月有明，容光必照焉。流水之爲物也，不盈科不行。君子之志於道也，不成章不達。」

臣聞之師曰：「水之瀾，日月之照，言道之無窮也。瀾，水之湍急之所也。水之源無窮，是以有瀾。日月之明無窮，是以必照。盈科而行，成章而達，美在其中，而暢於四支，篤實而有輝光之謂也。惟無窮者爲然。」

孟子曰：「雞鳴而起，孳孳爲善者，舜之徒也。雞鳴而起，孳孳爲利者，蹠之徒也。欲知舜與蹠之分，無他，利與善之間也。」

善之與利，毫釐之間耳。苟利心一萌，則去善遠矣。

孟子曰：「楊子取爲我，拔一毛而利天下，不爲也。墨子兼愛，摩頂放踵利天下，爲之。子莫執中，執中爲近之。執中無權，猶執一也。所惡執一者，爲其賊道也，舉一而廢百也。」

執中之難也，苟執一則爲賊道。故孔子曰：「天下、國、家可均也，爵禄可辭也，白刃可蹈也，中庸不可能也。」孔子之所謂中者，時中也。子莫之執中，其殆執一乎？

孟子曰：「飢者甘食，渴者甘飲，是未得飲食之正也，飢渴害之也。豈惟口腹有飢渴之害？

人心亦皆有害。人能無以飢渴之害爲心害，則不及人不爲憂也〔二〕。」

飢渴之害，有欲存焉故也。况於心有好樂，則爲害也大矣。無心害者，其可謂君子矣。

孟子曰：「柳下惠不以三公易其介。」

介，大也。

孟子曰：「有爲者辟若掘井，掘井九軔而不及泉，猶爲棄井也。」

君子之所爲，貴乎有成也。五穀不熟，不如荑稗，亦猶是也。

孟子曰：「堯、舜，性之也。湯、武，身之也。五霸，假之也。久假而不歸，惡知其非有也。」

性之者，與道一也。身之者，履之也。及其成功，則一也。五霸則假之而已，是以功勳如彼其卑也。

公孫丑曰：「伊尹曰：『予不狎于不順。』放太甲于桐，民大悦。太甲賢，又反之，民大悦。賢者之爲人臣也，其君不賢，則固可放與？」孟子曰：「有伊尹之志，則可。無伊尹之志，則篡也。」

聖人之志，豈易量哉！

〔二〕「也」，集注本作「矣」。

公孫丑曰：「《詩》曰『不素餐兮』，君子之不耕而食，何也？」孟子曰：「君子居是國也，其君用之，則安富尊榮。其子弟從之，則孝弟忠信。『不素餐兮』，孰大於是？」

「不素餐兮」，刺無功而受禄之詩也。其君安富尊榮，子弟孝弟忠信，則有功也孰若？

王子墊問曰：「士何事？」孟子曰：「尚志。」曰：「何謂尚志？」曰：「仁義而已矣。殺一無罪，非仁也。非其有而取之，非義也。居惡在？仁是也。路惡在？義是也。居仁由義，大人之事備矣。」

士不能居仁由義，則不足名之爲士。

孟子曰：「仲子，不義與之齊國而弗受，人皆信之，是舍簞食豆羹之義也。人莫大焉亡親戚、君臣、上下，以其小者信其大者，奚可哉？」

孟子可謂善觀人矣。

桃應問曰：「舜爲天子，皋陶爲士，瞽瞍殺人。則如之何？」孟子曰：「執之而已矣。」「然則舜不禁與？」曰：「夫舜惡得而禁之？夫有所受之也。」「然則舜如之何？」曰：「舜視棄天下，猶棄敝蹝也。竊負而逃，遵海濱而處，終身訢然，樂而忘天下。」

聖人之心，至公、至當而已。

孟子自范之齊，望見齊王之子，喟然嘆曰：「居移氣，養移體。大哉居乎！夫非盡人之子與？」孟子曰：「王子宫室、車馬、衣服多與人同，而王子若彼者，其居使之然也，况居天下之廣居者乎？魯君之宋，呼於垤澤之門。守者曰：『此非吾君也，何其聲之似我君也？』此無他，居相似也。」

睟[一]然見於面，盎於背，居天下之廣居者也，學者所以變氣質。不居者不可謂之學，故孟子每言夫居焉。

孟子曰：「食而弗愛，豕交之也。愛而不敬，獸畜之也。恭敬者，幣之未將者也。恭敬而無實，君子不可虚拘。」

苟無其實，是僞恭敬而已，何足以留君子。

孟子曰：「形色，天性也。惟聖人然後可以踐形。」

臣聞之師曰：「盡得天地之正氣者，人而已。盡人理，然後稱其名。衆人有之而不知，賢人知之而不盡，能踐行者，聖人而已。」

齊宣王欲短喪，公孫丑曰：「爲期之喪，猶愈於已乎？」孟子曰：「是猶或紾其兄之臂，子謂之

[一]「睟」，底本誤作「睟」，據集注本改。

姑徐徐云爾，亦教之孝弟而已矣。」王子有其母死者，其傅爲之請數月之喪。公孫丑曰：「若此者，何如也？」曰：「是欲終之而不可得也。雖加一日愈於已，謂夫莫之禁而弗爲者也。」

三年之喪，天下之通喪。聖人制禮，其可改乎？

孟子曰：「君子之所以教者五：有如時雨化之者，有成德者，有達財者，有答問者，有私淑艾者。此五者，君子之所以教也。」

君子之教，各因其才而誨之，是亦不倦之意。

公孫丑曰：「道則高矣，美矣，宜若登天然，似不可及也。何不使彼爲可幾及而日孳孳也？」孟子曰：「大匠不爲拙工改廢繩墨，羿不爲拙射變其彀率。君子引而不發，躍如也。中道而立，能者從之。」

教者，能引而不能發。其發，則在人也。孔子稱顏淵曰：「亦足以發。」

孟子曰：「天下有道，以道殉身。天下無道，以身殉道。未聞以道殉乎人者也。」

以道殉身，施之天下也。以身殉道，獨善其身也。殉乎人，則何有於己，烏在其爲道。

公都子曰：「滕更之在門也，若在所禮而不答，何也？」孟子曰：「挾貴而問，挾賢而問，挾長而問，挾有勳勞而問，挾故而問，皆所不答也。滕更有二焉。」

有所挾，則受道之心不專，所以不答也。

孟子曰：「於不可已而已者，無所不已。於所厚者薄，無所不薄也。其進鋭者，其退速。」

觀人必自其本。

孟子曰：「君子之於物也，愛之而弗仁。於民也，仁之而弗親。親親而仁民，仁民而愛物。」

於物則愛之，於民則仁之，於親則親之，此之謂差等。何以有是差等，一本故也，無僞也。

孟子曰：「知者無不知也，當務之爲急。仁者無不愛也，急親賢之爲務。堯、舜之知而不遍物，急先務也。堯、舜之仁不遍愛人，急親賢也。不能三年之喪而緦小功之察，放飯流歠而問無齒決，是之謂不知務。」

知務者，知輕重大小之義也。

盡心章句下

孟子曰：「不仁哉，梁惠王也！仁者以其所愛及其所不愛，不仁者以其所不愛及其所愛。」公孫丑曰：「何謂也？」：「梁惠王以土地之故，糜爛其民而戰之，大敗，將復之，恐不能勝，故驅其所愛子弟以殉之，是之謂以其所不愛及其所愛也。」

高宗伐鬼方，三年克之，天下不以爲不仁，爲其所得爲故也。戰國之戰，伐以不義而并吞耳。仁不仁之効，於斯可見。

孟子曰：「春秋無義戰。彼善於此，則有之矣。征者，上伐下也，敵國不相征也。」

征也者，王者之正天下也。春秋之際，敵國相殘耳，皆王者之罪人也。

孟子曰：「盡信《書》，則不如無《書》。吾於《武成》，取二三策而已矣。仁人無敵於天下。以至仁伐至不仁，而何其血之流杵也？」

讀《書》者，不考其理而惑其文，則何獨《武成》哉？

孟子曰：「有人曰：『我善爲陳，我善爲戰。』大罪也。國君好仁，天下無敵焉。南面而征北狄怨，東面而征西夷怨，曰：『奚爲後我？』武王之伐殷也，革車三百兩，虎賁三千人。王曰：『無畏！寧爾也，非敵百姓也。』若崩厥角稽首。征之爲言正也，各欲正己也，焉用戰？」

武王之伐商也，順乎天而應乎人，人皆稽首歸之，各欲正己也，焉用戰？見〔二〕爲人君者，當法武王而已。

孟子曰：「梓匠輪輿，能與人規矩，不能使人巧。」

規矩法度，可以告者也。巧，則在其人。雖大匠亦末如之何也已。

孟子曰：「舜之飯糗茹草也，若將終身焉。及其爲天子也，被袗衣，鼓琴，二女果，若固有之。」

非聖人至命，則不能臻此。

孟子曰：「吾今而後知殺人親之重也：殺人之父，人亦殺其父。殺人之兄，人亦殺其兄。然則非自殺之也，一間耳。」

〔二〕「見」，朱子本引作「爲」，則當屬上讀。

出乎爾者，反乎爾者也，故曰：「一間。」觀其存心則然。

孟子曰：「古之爲關也，將以禦暴。今之爲關也，將以爲暴。」

古今之爲關，亦猶王者之征伐與當時之征伐也。

孟子曰：「身不行道，不行於妻子。使人不以道，不能行於妻子。」

妻子至親且近而不能行，況可行於他人乎？故曰：「其身不正，雖令不從。」

孟子曰：「周于利者，凶年不能殺。周于德者，邪世不能亂。」

《中庸》言：「凡事豫則立。」此之謂也。

孟子曰：「好名之人，能讓千乘之國。苟非其人，簞食豆羹見於色。」

好名之人，非有德者也。

孟子曰：「不信仁賢，則國空虛。無禮義，則上下亂。無政事，則財用不足。」

三者以仁賢爲本。無仁賢，則禮義、政事處之皆不以道。

孟子曰：「不仁而得國者，有之矣。不仁而得天下，未之有也。」

當時之君見不仁而得國者，不知天下之不可以是取也。

孟子曰：「民爲貴，社稷次之，君爲輕。是故得乎丘民而爲天子，得乎天子爲諸侯，得乎諸侯爲大夫。諸侯危社稷，則變置。犧牲既成，粢盛既潔，祭祀以時，然而旱乾水溢，則變置社稷。」

君以民爲本，當時諸侯不知國君、社稷或有時變置也。

孟子曰：「聖人，百世之師也，伯夷、柳下惠是也。故聞伯夷之風者，頑夫廉，懦夫有立志。聞柳下惠之風者，薄夫敦，鄙夫寬。奮乎百世之上。百世之下，聞者莫不興起也。非聖人而能若是乎？而況於親炙之者乎？」

百世之下聞其風者，莫不興起。聖人之功大矣。

孟子曰：「仁也〔一〕，人也。合而言之，道也。」

爲人而不進仁，何足以言人。人與仁合，則道也。臣聞之師曰：「世之不知仁，久矣。醫家所謂四支不仁者，可以知仁矣。」

孟子曰：「孔子之去魯，曰：『遲遲吾行也。』去父母國之道也。去齊，接淅而行，去他國之道也。」

〔一〕「也」字下，集注本有一「者」字。

聖人去父母之邦與他國如此，則於禮義輕重可知。

孟子曰：「君子之戹於陳、蔡之間，無上下之交也。」

君子無上下之交，則國與時可知矣。

貉稽曰：「稽大不理於口。」孟子曰：「無傷也。士憎茲多口。《詩》云：『憂心悄悄，慍于群小。』孔子也。『肆不殄厥慍，亦不殞厥問。』文王也。」

文王、孔子，大聖人也，不能免群小人之慍，而況其下者乎！顧自處者如何？盡其在我者而已。

孟子曰：「賢者以其昭昭，使人昭昭。今以其昏昏，使人昭昭。」

大學之道，在自昭明德，而施於天下、國、家。其有不順者，寡矣。欲以昏昏，而使人昭昭，未之有也。

孟子謂高子曰：「山徑之蹊間，介然用之而成路。爲間不用，則茅塞之矣。今茅塞子之心矣。」

仁義，人心之所固有，安可舍其良心哉？或作，或輟，而欲成德，是茅塞之類也。

高子曰：「禹之聲，尚文王之聲。」孟子曰：「何以言之？」曰：「以追蠡。」曰：「是奚足哉！城門之軌，兩馬之力與？」

城門之軌，豈兩馬之力哉？歲久而用多也。高子以追蠡言之，失之矣。

齊饑。陳臻曰：「國人皆以夫子將復爲發棠，殆不可復。」孟子曰：「是爲馮婦也。晉人有馮婦者，善搏虎，卒爲善士。則之野，有衆逐虎。虎負嵎，莫之敢攖。望見馮婦，趨而迎之。馮婦攘臂〔二〕下車，衆皆悦之，其爲士者笑之。」

孟子嘗勸齊王發棠邑之倉以賑貧窮。其後齊饑，陳臻謂孟子將復爲之也。不知聖賢之事，爲其所當爲而已矣。

孟子曰：「口之於味也，目之於色也，耳之於聲也，鼻之於臭也，四肢之於安佚也，性也；有命焉，君子不謂性也。仁之於父子也，義之於君臣也，禮之於賓主也，智之於賢者也，聖人之於天道也，命也；有性焉，君子不謂命也。」

性者，言其有命。命者，言其有性。蓋以人生所欲者，君子不專以言性。人之當爲者，君子不專以言命。君子所能，衆人所病。究言其理，有教存焉。此其所以或言性，而不言命；或言命，而不言性也。

浩生不害問曰：「樂正子何人也？」孟子曰：「善人也，信人也。」「何謂善？何謂信？」曰：

〔二〕「臂」，底本誤作「背」，據集注本改。

「可欲之謂善，有諸〔一〕己之謂信。充實之謂美，充實而有光輝之謂大，大〔二〕而化之之謂聖，聖而不可知之之謂神。樂正子，二之中，四之下也。」

自可欲之善至於聖而不可知之神，上下一理。擴充之至於神，則不可得而名矣。莊子又謂「有神人焉」，非也。

孟子曰：「逃墨必歸於楊，逃楊必歸於儒。歸，斯受之而已矣。今之與楊、墨辯者，如追放豚，既入其苙，又從而招之。」

聖賢不爲已甚者。

孟子曰：「有布縷之征，粟米之征，力役之征，君子用其一，緩其二。用其二而民有殍，用其三而父子離。」

民爲邦本，取之無度，則危矣。

孟子曰：「諸侯之寶三：土地，人民，政事。寶珠玉者，殃必及身。」

〔一〕「諸」，底本誤作「謂」，據集注本改。
〔二〕「大」，底本誤作「人」，據集注本改。

寳得其寳者安，寳失其寳者危。

盆成括仕於齊。孟子曰：「死矣盆成括！」盆成括見殺。門人問曰：「夫子何以知其將見殺？」曰：「其爲人也小有才，未聞君子之大道也，則足以殺其軀而已矣。」

小有才智，而昧於理義，鮮能免於殺身之害。

孟子之滕，館於上宫。有業屨於牖上，館人求之弗得。或問之曰：「若是乎從者之廋也？」曰：「子以是爲竊屨來與？」曰：「殆非也。夫子之設科也，往者不追，來者不距。苟以是心至，斯受之而已矣。」

苟以是心至，皆在所教者，誨人不倦也。又見孟子答小人而有理。

孟子曰：「人皆有所不忍，達之於其所忍，仁也。人皆有所不爲，達之於其所爲，義也。人能充無欲害人之心，而仁不可勝用也。人能充無穿窬之心，而義不可勝用也。人能充無受爾汝之實，無所往而不爲義也。士未可以言而言，是以言餂之也。可以言而不言，是以不言餂之也。是皆穿窬之類也。」

孟子謂：「未可以言而言，是以言餂之。可以言而不言，是以不言餂之。」論其心，實然也。推廣其仁義之良心者，則皆誠之謂也。

孟子曰：「言近而指遠者，善言也。守約而施博者，善道也。君子之言也，不下帶而道存焉。君子之守，脩其身而天下平。人病舍其田而芸人之田，所求於人者重，而所以自任者輕。」

正心、誠意，以至於平天下，理一而已。君子得其本，故曰：「不下帶而道存焉。」芸人之田者，不求諸己者也。

孟子曰：「堯、舜，性者也。湯、武，反之也。動容周旋中禮者，盛德之至也。哭死而哀，非爲生者也。經德不回，非以干禄也。言語必信，非以正行也。君子行法，以俟命而已矣。」

反之者，脩爲而復性也。反之而至於動容周旋中禮，則至矣。行法者，在己命則聽之而已，不以繫乎己也，惟能及之者爲然。

孟子曰：「説大人，則藐之，勿視其巍巍然。堂高數仞，榱題數尺，我得志〔一〕弗爲也。食前方丈，侍妾數百人，我得志弗爲也。般樂飲酒，驅騁田獵，後車千乘，我得志弗爲也。在彼者，皆我所不爲也。在我者，皆古之制也，吾何畏彼哉！」

內重則外輕。或問：孔子畏大人，孟子説大人則藐之，何也？曰：孟子方其陳説君前，不直則道不見，故藐之。

〔一〕「志」，底本誤作「忠」，據集注本改。

孟子曰：「養心莫善於寡欲。其爲人也寡欲，雖有不存焉者，寡矣。其爲人也多欲，雖有存焉者，寡矣。」

臣聞之師曰：「不欲則不惑。所欲則不待沉溺也，有所向者，即謂之欲。」

曾皙嗜羊棗，而曾子不忍食羊棗。公孫丑問曰：「膾炙與羊棗孰美？」孟子曰：「膾炙哉！」公孫丑曰：「然則曾子何爲食膾炙而不食羊棗？」曰：「膾炙所同也，羊棗所獨也。諱名不諱姓，姓所同也，名所獨也。」

誠孝之至，然也。公孫丑之言，陋矣。

萬章問曰：「孔子在陳，曰：『盍歸乎來！吾黨之士狂簡，進取，不忘其初。』孔子在陳，何思魯之狂士？」孟子曰：「孔子『不得中道而與之，必也狂獧乎！狂者進取，獧者有所不爲也。』孔子豈不欲中道哉？不可必得，故思其次也。」「敢問何如斯可謂狂矣？」曰：「如琴張、曾皙、牧皮者，孔子之所謂狂矣。」「何以謂之狂也？」曰：「其志嘐嘐然，曰：『古之人，古之人。』夷考其行而不掩焉者也。狂者又不可得，欲得不屑不潔之士而與之，是獧也，是又其次也。孔子曰：『過我門而不入我室，我不憾焉者，其惟鄉原乎！鄉原，德之賊也。』」曰：「何如斯可謂之鄉原矣？」曰：「何以是嘐嘐也？言不顧行，行不顧言，則曰古之人，古之人。行何爲踽踽涼涼？生斯世也，爲斯世也，善斯可矣。閹然媚於世也者，是鄉原也。」萬章曰：「一鄉皆稱原人焉，無所往而不爲原人，孔子以爲德之賊，何哉？」曰：「非之無舉也，刺之無刺也；同乎流俗，合乎汙世；居之似忠信，行之似廉潔；衆皆悦之，自以爲是，而不可與入堯、舜之道。故曰德之賊也。孔子曰：『惡似而非者：惡莠，恐其亂苗也。惡佞，恐其亂義也。惡利口，恐其亂信也。惡鄭聲，恐其亂樂也。惡紫，恐其亂朱也。惡鄉原，恐其亂德也。』君子反經而已矣。經正，則庶民興。庶民興，斯無邪慝矣。」

君子之取於狂獧者，蓋以狂者志大而可與進道，獧者有所不爲而可與有爲也。所惡於鄉原者，爲其似是而非也。似是而非，所以非之無舉，刺之無刺，則其惑人也滋甚矣。故曰：「德之賊焉。」君子則必反經而已。非萬章反復辯問，後世何以明之。

孟子曰：「由〔一〕堯、至於湯，五百有餘歲。若禹、皋陶，則見而知之。若湯，則聞而知之。由湯至於文王，五百有餘歲。若伊尹、萊朱，則見而知之。若文王，則聞而知之。由文王至於孔子，五百有餘歲。若太公望、散宜生，則見而知之。若孔子，則聞而知之。由孔子而來至於今，百有餘歲，去聖人之世，若此其未遠也。近聖人之居，若此其甚也，然而無有乎爾？則亦無有乎爾？」

見而知之，見而知此道也。聞而知之，聞而知此道也。孟子自謂聞孔子之道，而卒不得行焉。故曰：「然而無有乎爾，則亦無有乎爾？」雖嘆而不怨，豈能已也哉？傷時而已。以是終篇，門人蓋亦有識之者與。

〔一〕「由」，底本脱，據集注本補。

附録一　書目著録

一、宋晁公武《昭德先生郡齋讀書志》（《四部叢刊三編》景宋淳祐本）

《尹氏論語義》十卷

右皇朝尹焞彦明撰。彦明亦程氏門下人，紹興中自布衣召爲崇政殿説書，被旨訓解，多采純夫之説。（卷一下《論語類》）

《孟子解》兩卷

右和静先生尹侍講焞所著也。先生乃伊川之高弟，欽宗累聘不起，賜號「和静」。紹興初，再以崇政殿説書召。既侍講筵，首解《論語》以進。繼解《孟子》，甫及終篇而卒。此本乃邢正夫刻于岳陽泮宫者。（卷五上《附志·經類》）

二、宋尤袤《遂初堂書目》(《海山仙館叢書》本)

尹和靖《孟子解》《語孟集義》(《論語類》)

三、宋陳振孫《直齋書録解題》(《武英殿聚珍版叢書》本)

尹氏《論語解》十卷、《孟子解》十四卷

徽猷閣待制、河南尹焞彦明撰,紹興中經筵所上。《孟子解》未成,不及上而卒。自龜山而下,皆程氏高弟也。(卷三《語孟類》)

四、宋王應麟《玉海》(元至元慶元路儒學刻明遞修本)

《論語説》

尹焞彦明解,紹興中爲崇政殿説書,被旨訓解。

紹興《論語解義》……(紹興)八年四月戊寅,詔尹焞解《論語》。書成,賜六品服。(卷第四十一《藝文·論語》)

五、宋陳思、元陳世隆《兩宋名賢小集》（《文淵閣四庫全書》本）

尹焞，字彦明，河南人。父林，官至虞部員外郎。焞師事伊川，以德行聞。靖康初，召至京，懇辭還山，賜號「和靖處士」。金人陷洛，闔門被害。焞死復甦，避劉豫聘奔蜀，止于涪。紹興中，召爲崇政殿説書。後遷禮部侍郎兼侍講。所著有《論語解》及《門人問答》。（卷一百四十《尹和靖集》）

六、元馬端臨《文獻通考》（浙江書局本）

尹彦明《論語解》十卷

晁氏曰：「彦明，程氏門人。紹興中，自布衣召爲崇政殿説書，被旨訓解，多採純夫之説。」

《朱子語録》曰：「《論語》中程先生及和靖説，只於本文上添一兩字，甚平淡，然意味深長，須當子細看。要見得他意味，方好。」問：「精義中尹氏説多與二程同，何也？」曰：「二程説得已明，尹氏只説出處。」（卷一百八十四《經籍考十一・經・論語》）

尹氏《孟子解》十四卷

陳氏曰：「尹彦明所著，十四卷，未成，不及上而卒。」（卷一百八十四《經籍考十一・經・孟子》）

七、元脱脱等《宋史》(中華書局，一九七七年十一月第一版)

尹焞《論語解》十卷，又《説》一卷。(卷二百二《藝文一・經類・論語類》)

尹焞《孟子解》十四卷，《語録》四卷。尹焞門人馮忠恕、祁寛、吕堅中記。(卷二百五《藝文四・子類・儒家類》)

八、明朱睦㮮《萬卷堂書目》(《觀古堂書目叢刊》本)

《和靖論語解》三卷 尹焞(卷一《論語》)

《孟子解》二卷 尹焞(卷一《孟子》)

九、明焦竑《國史經籍志》(徐象刻本)

《論語解》十卷尹焞(卷二《經類・論語・傳注》)

《孟子尹氏解》十四卷尹焞(卷二《經類・孟子》)

十、明祁承㸁《澹生堂藏書目》(宋氏漫堂鈔本)

《尹和靖論孟解》四卷四册，尹焞。(《經部》)

十一、清朱彝尊《經義考》(《文淵閣四庫全書》本)

尹氏焞《論語解》

《宋志》十卷。又《説》一卷,未見。

焞《自序》曰:「臣自布衣入侍經筵,被旨解《論語》以進。臣備職勸解,不敢以寡陋辭。竊惟是書乃集孔子嘉言善行,苟能即其問答,如己親炙於聖人之門,默識心受而躬行之,則可謂善學矣。後之解其文義者數十百家,俾臣復措説其下,亦不過稱贊而已。恭惟陛下聖學高明,出乎天縱,如舜好問,如湯日新,舉措而遠不仁,修己以安百姓,固已合符乎夫子之道,施之於事業矣。復何有待於臣之説?然而學貴於力行,不貴於空言,若欲意義新奇,文辭華贍,則非臣所知也。姑摭所聞,以塞明詔。臣謹上。」又《後序》曰:「焞紹興七年十一月被召到闕,賜對押赴經筵,承續講説《論語·衛靈公》之末一章。次日有旨給筆札解《論語》以進。念以説書爲職,不敢以固陋辭。方以病困殆,蒙賜寬假病安日解進。明年二月,駕還錢塘,焞以病從百司先行。三月,病少愈,力疾日赴經筵。是月十三日,詔促成書以進。時手顫目昏,心思荒錯,深懼稽命之久,遂强爲之,姑塞上命。四月二十一日,進呈。而學者祁寬、吕稽中、堅中在焉,書成皆三子之助也。九年春,復病,丐歸。蒙恩授以閒禄,聽其自便。遂寓居平江府虎丘寺之西庵。寬從予居上方,暇日見此帙云：『當時潛録，欲終身誦之。』甚矣！其嗜學也。相從既久，若是書也，講亦熟矣，豈不知此一時奉詔而成，皆前人成説？雖有一二臆見，坐以老病拙訥，心之精微，詞不能達。今取觀之，徒有愧汗。先聖不云乎：『吾無行不與二三子者，是丘也。』焞於諸公亦云：『何用此爲？』寬復請藏之，因誌始末，并戒其勿以示人。幸諒區區之意。冬至後一日，書於三畏齋。」又《進狀》曰：「孔子以來，道學屢絶，語言文字去本益賖，是以先聖遺書，雖以講誦而傳，或以解説而陋。況其所論所趨不無差謬？豈惟無益，害又甚焉。脱使窮其根本，謹其辭説，苟不踐行，等爲虚語。此先聖所以重講解，慎言辭也。況如臣者，材質甚愚，修爲無取。施之於己，未見其功；資以事君，亦將何有？其於聖賢言行，何足以窺測奥妙，發明指歸？强顔爲之，第塞詔旨，臣無任慚羞恐懼之至。」

吕稽中志墓曰：「先生於聖人『六經』之言，耳順心得，如出諸己，天下知道者宗之，不知者慕之，然未嘗筆之於書。與群弟子言，據『六經』發明問答，不爲講解文書。獨嘗奉詔撰《論語解》。」

晁公武曰：「彦明，程氏門人。紹興中，自布衣召爲崇政殿説書。被旨訓解，多采純夫之説。」

朱子曰：「《論語》中程先生及和靖説，只於本文上添一兩字，甚平澹，然味意深長，須當仔細看。」又曰：「尹氏解《論語》，守得定，不走作，所少者精神爾。」

王應麟曰：「紹興八年四月，詔尹焞解《論語》。書成，賜六品服。」《宋史》：尹焞字彦明，一字德充。世爲洛人，師事程頤。靖康初，召至京師，不欲留，賜號「和靖處士」。紹興四年，授左宣教郎，充崇政殿説書。八年，除祕書少監，尋除太常少卿，權禮部侍郎兼侍講。九年，以徽猷閣待制提舉萬壽觀，兼侍講。奏乞放歸，上以焞提舉江州太平觀致仕。其言行見於《涪陵紀善録》，有《論語解》傳於世。（卷二百十四《論語四》）

尹氏焞《孟子解》

陳振孫曰：「尹彦明所著，十四卷，未成，不及上而卒。」

《宋志》十四卷，佚。

趙希弁曰：「右和靖先生尹侍講焞所著也。先生乃伊川之高弟，欽宗累聘不赴，賜號『和靖』。紹興初，再以崇政殿説書召。既侍講筵，首解《論語》以進。繼解《孟子》，甫及終篇而卒。此本乃邢正夫刻於岳陽泮宫者。」（卷二百三十四《孟子四》）

十二、清永瑢《四庫全書總目》（乾隆武英殿刻本）

《孟子解》二卷 浙江吴玉墀家藏本

舊本題宋尹焞撰。案：陳振孫《書録解題》載尹氏《論語解》十卷、《孟子解》十四卷，徽猷閣待制、河南尹焞彦明紹興中經筵所上。《孟子解》未成，不及上而卒。趙希弁《讀書附志》則謂焞於紹興初再以崇政殿説書召，既侍經筵，首解《論語》以進，繼解《孟子》，甫及終篇而卒。邢正夫嘗刻於岳陽泮宫，其書世罕傳本，故朱彝尊《經義考》註曰「已佚」。此本出浙江吴玉墀家，莫知其所自來。每章之末，略贅數語，評論大意，多者不過三四行，皆詞義膚淺，或類坊刻史評，或類時文批語，無一語之發明。焞爲程氏高弟，疑其陋不至於此。又書止上下二卷，首尾完具，無所闕佚，與十四卷之數亦不相合，殆近時妄人所依託也。（卷三十七《經部三十七・四書類存目》）

《和靖集》八卷　江蘇巡撫採進本

宋尹焞撰。焞有《孟子解》，已著録。然《孟子解》雖名見《書録解題》，原書實已散佚，今所行者，乃贋本。惟此《集》猶相傳舊笈，凡奏劄三卷，詩文三卷。其壁帖一卷，乃焞手書聖賢治氣養心之要，黏之屋壁以自警惕，後人録之成帙。又師説一卷，則焞平日之緒論，而其門人王時敏所編也。考《朱子語録》謂焞文字有關朝廷者，多門人代作。今其孰爲假手，孰爲真筆，已不可復考。然指授點定，亦必焞所自爲。《會昌一品集序》雖李商隱作，究以鄭亞改本爲勝，正不必盡自己出也。詩不多作，然自秦入蜀道中作云：「南枝北枝春事休，啼鶯乳燕也含愁。朝來回首頻惆悵，身在秦川最盡頭。」亦殊有詩情，固未可概以有韻語録目之矣。（卷一百五十七《集部十・别集類十》）

十三、清阮元《文選樓藏書記》（越縵堂鈔本）

《孟子解》十四卷，宋侍講尹惇著，抄本

是書略疏各章大義。（卷五）

十四、清莫友芝撰，傅增湘訂補，傅熹年整理《藏園訂補郘亭知見傳本書目》（中華書局，二〇〇九年四月第一版）

【補】《論語解》不分卷，宋尹焞撰。○明山陰祁氏澹生堂寫本，竹紙藍格，十行二十字，周叔弢藏。（卷三《經部八・四書類》）

十五、王文進《文祿堂訪書記》（民國三十一年印本）

尹和靖《論語解》二卷

宋林逋撰，明祁承㸁鈔本。半葉十行，行二十字。藍格。板心下刊「淡生堂鈔本」五字。書衣韓氏題曰：「咸豐己未十一月朔日，得之蘇州汪氏。金順甫椿來價洋一元七角，應陛記。」有汪士鐘藏、韓德均錢潤文夫婦印。（卷一）

十六、《笠澤堂書目》（據長興王氏詒莊樓藏本傳鈔，浙江圖書館藏）

《論語解》二册，尹焞。（《經・論語》）

《孟子解》二册，尹焞。（《經・孟子》）

十七、杜澤遜《四庫存目標注》第一册（上海古籍出版社，二〇〇七年一月第一版）

《孟子解》二卷，舊本題宋尹焞撰。

浙江吴玉墀家藏本（《總目》）。〇《浙江省第四次吴玉墀家呈送書目》：「《孟子解》十四卷，舊題宋尹焞著，一本。」〇《浙江採集遺書總録》：「《孟子解》十四卷，瓶花齋寫本，宋侍講河南尹焞撰。」〇西安市文管會藏清鈔本二卷，半葉十行，行二十字，無格，無序跋。首葉鈐「翰林院印」滿漢文大官印。又鈐「吴城」「敦復」「繡谷亭續藏書」等印記。即吴玉墀進呈原本。《存目叢書》據以影印。（卷九《經部九・四書類》）

十八、《中國古籍善本總目》（綫裝書局，二〇〇五年五月第一版）

《論語解》宋尹焞撰。明末祁氏澹生堂抄本，清韓應陛跋。

《孟子解》二卷題尹焞撰。清乾隆抄本。（《經部・四書》）

十九、顧宏義、戴揚本等《歷代四書序跋題記資料彙編·論語類》（上海古籍出版社，二〇一〇年九月第一版）

《尹和靖論語解》不分卷，宋尹焞撰。明山陰祁氏澹生堂寫本，竹紙藍格，十行二十字。鈐有「汪士鐘」印。周叔弢藏書。癸酉十一月十二日見。（《藏園群書經眼録·四書類》）

《論語解》二册，尹焞。（《笠澤堂書目·論語》）

附録二　《四庫全書總目》尹焞《孟子解》提要辯證

成書於乾隆年間的《四庫全書總目》，是一部具有深遠影響的目録學巨著。繆荃孫認爲：「考撰人之仕履，釋作書之宗旨，顯徵正史，僻采稗官，揚其所長，糾其不逮，《四庫提要》實集古今之大成。」〔一〕張之洞曾説：「將《四庫全書總目提要》讀一過，即略知學術門徑矣。」〔二〕但《四庫提要》共收録書籍凡一萬零二百二十三種（其中著録書籍三千四百五十七種，存目六千七百六十六種），卷帙浩繁，謬誤在所難免。前人雖做了不少糾謬補正的工作，但仍有若干錯誤尚需辯證。如尹焞《孟子解》一書，朱熹《孟子集注》引用達三十四條之多，其《論孟精義》幾乎收録了全文，而《四庫提要》卻認爲時藏浙江吴玉墀家之尹焞《孟子解》二卷是僞書。這樣一部重要著作究竟是真是僞，顯然很有梳理考辯之必要。

〔一〕繆荃孫：《藝風堂文續集》卷五，錢塘丁氏《八千卷樓藏書志續》，清宣統二年至民國二年本。
〔二〕張之洞：《輶軒語・語學第二・讀書宜有門徑章》，光緒四年秋七月敏德堂潘刊本。

《提要》云：

《孟子解》二卷，浙江吴玉墀家藏本。舊本題宋尹焞撰。案：陳振孫《書録解題》載尹氏《論語解》十卷、《孟子解》十四卷，徽猷閣待制、河南尹焞彦明紹興中經筵所上。《孟子解》未成，不及上而卒。趙希弁《讀書附志》則謂焞於紹興初再以崇政殿説書召，既侍經筵，首解《論語》以進，繼解《孟子》，甫及終篇而卒。邢正夫嘗刻於岳陽泮宫。其書世罕傳本，故朱彝尊《經義考》註曰「已佚」。此本出自浙江吴玉墀家，莫知其所自來。每章之末，略贅數語，評論大意，多者不過三四行，皆詞義膚淺，或類坊刻史評，或類時文批語，無一語之發明。焞爲程氏高弟，疑其陋不至於此。又書止上下二卷，首尾完具，無所闕佚，與十四卷之數亦不相合，殆近時妄人所依託也。[一]

一、吴玉墀家藏本的下落

據《中國古籍善本總目》著録：「《孟子解》二卷，題宋尹焞撰，清抄本，藏於西安市文物管理委

[一] 永瑢等：《四庫全書總目》上册，北京：中華書局，1965年，第307頁。據《中國古籍善本總目》所録，尹焞《孟子解》今僅存清代抄本，現藏西安市文物管理委員會。

員會。」〔一〕這是目前僅見之《孟子解》，被影印收入《四庫全書存目叢書》。〔二〕杜澤遜在其所撰《四庫存目標注》中，對此書的版本特徵做了詳細描述：「西安市文管會藏清抄本二卷，半葉十行，行二十字，無格，無序跋。首葉鈐『翰林院印』滿漢文大官印。又鈐『吴城』『敦復』『繡谷亭續藏書』等印記。即吴玉墀進呈原本。《存目叢書》據以影印。」〔三〕

杜澤遜從書中印記判斷該書爲吴玉墀進呈原本，證據堅實，結論可信。吴玉墀的父親是清代著名藏書家吴焯，晚號「繡谷老人」，其所居瓶花齋藏書數萬卷。吴焯没後，吴玉墀的兄長吴城（號敦復）子承父業，繼續收集圖書。「吴城」「敦復」即其名章，而「繡谷亭續藏書」印則是吴城的藏書印。〔四〕爲獎勵吴玉墀家進呈書籍的功勞，乾隆特獎勵《佩文韻府》一部。「書籍未至而城卒，年七十一。」〔五〕這三方印記充分證明該書爲吴玉墀家藏本。

又該書鈐有滿漢文「翰林院印」大官印，這是四庫進呈本的重要標記。在編纂《四庫全書》的

〔一〕中國古籍總目編纂委員會編：《中國古籍總目·經部》，北京：中華書局，2012年，第826頁。

〔二〕四庫全書存目叢書編纂委員會編：《四庫全書存目叢書》第154册，濟南：齊魯書社，1997年。

〔三〕杜澤遜：《四庫存目標注》第一册，上海：上海古籍出版社，2007年，第349頁。

〔四〕林申清編著：《明清著名藏書家藏書印》，北京：北京圖書館出版社，2000年，第95頁。

〔五〕陳文騄修，吴慶坻纂：《杭州府志（光緒）》卷一百四十五，民國十四年。

過程中，大學士劉統勛等擔心「若不預定章程，誠恐將來歸還時難於分別」〔一〕，便提出在四庫進呈本的首頁加蓋木記及翰林院印：

> 臣等酌議刊刻木記一小方，印於各書面頁，填注乾隆三十八年某月、某省、督撫某、鹽政某送到，某人家所藏，某書計若干本，並押以翰林院印，仍分別造檔存記。將來發還之日，即按書面木記查點明白，注明底檔，開列清單，行文各督撫等派員領回，按單給還藏書之家，取具收領存案。如有交發不明，惟該督撫是問。如此，則吏胥等既無從私自扣留，而藏書家仍得全其故物，且有官印押記，爲書林增一佳話，寶藏更爲珍重。〔二〕

西安文管會藏《孟子解》首頁鈐「翰林院印」滿漢文大官印，是此書爲進呈本的直接證據。

另外，從文字特徵看，翰林學士沈初等《浙江採集遺書總録》在其《孟子解》提要中寫到吴玉墀家藏本，云内有「臣聞之師曰」等文字。〔三〕今檢閱西安文管會藏尹焞《孟子解》，有「臣聞之師曰」

〔一〕《大學士劉統勛等奏遵議給還遺書辦法折》，載中國第一歷史檔案館編《纂修四庫全書檔案》，上海：上海古籍出版社，1997年，第117—118頁。

〔二〕《大學士劉統勛等奏遵議給還遺書辦法折》，載中國第一歷史檔案館編《纂修四庫全書檔案》，第117—118頁。

〔三〕沈初等：《浙江採集遺書總録》上册，上海：上海古籍出版社，2012年，第114頁。

五處[一]，「臣聞之師程頤曰」三處[二]。這些文字特徵，與沈初的描述正好相符。

因此，書中所鈐印記和文字特徵均充分證明《四庫全書存目叢書》所收録的西安市文物管理委員會藏尹焞《孟子解》即是吴玉墀家進呈四庫的原本，由此可以斷定，今所見之《孟子解》與四庫館臣所見係同一部書。

二、《孟子解》成書與否

陳振孫《直齋書録解題》云：「《孟子解》未成，不及上而卒。」[三]趙希弁《讀書附志》則謂：「焞解《孟子》，甫及終篇而卒。」[四]一曰「未成」，一曰「甫及終篇」，事實究竟如何呢？

按《和靖尹先生文集》卷八《師説下》記載：

呂德元請先生遺表，先生曰：「某一部《孟子》便是遺表。」德元請先生《孟子》。先生曰：「《孟子》也未成全書，尚有第三篇及第十四篇某章未備，公等將去修之。」時敏與德元皆泣。德元曰：「稽中等愚陋，豈敢修先生書。朝廷幸來取，當以稿進耳。」先生首肯之。

[一] 如《盡心章句上》「孟子曰霸者之民驩虞如也」注：臣聞之師曰：「不欲則不惑。所欲不待沉溺也，有所向者，即謂之欲。」

[二] 如《公孫丑章句上》「夫子加齊之卿相」注：臣聞之師程頤曰：「孟子養氣之説，學者所宜潛心也。」

[三] 陳振孫：《直齋書録解題》，上海：上海古籍出版社，1987 年，第 75 頁。

[四] 晁公武撰，孫猛校證：《郡齋讀書志校證·讀書附志》，上海：上海古籍出版社，1990 年，第 1098 頁。

又按同書卷十《韓無咎跋和靖先生孟子解》記載：

和靖先生疾革，門人吕稽中、王時敏問遺表。先生曰：「焞受詔解《孟子》，未上，即遺表也。有第三篇及其某章皆未備，宜爲我足之。」稽中等泣曰：「先生經解，稽中輩安能足也。朝廷幸來取，但當以稿進爾。」先生顧而頷之，明日遂歿。元吉雖游先生之門，其病也不及見，而聞於時敏者如此。

上述兩條資料一則爲吕德元、王時敏親歷手記，另一則爲尹焞門人韓元吉聞自王時敏，文字略有差異，但基本意思卻是一致的。相同處在於：尹焞臨終時，《孟子解》「未成全書」，部分篇章「未備」，即尚未完成或定稿。焞命德元、時敏等將此書作爲遺表進上，並命其「修」全補「足」。後因德元等不敢修足，而命其以此「未成全書」的「未備」稿進上。不同處在於：吕、王云「尚有第三篇及第十四篇某章未備」，韓則云「有第三篇及某章皆未備」，兩相權衡，當以吕、王親歷手記之説更爲準確可信。

又檢閱今本尹焞《孟子解》，其第三篇《公孫丑章句上》「夫子當路於齊章」下無注，而第十四篇《盡心章句下》則逐章均有注解。據此推知，尹焞去世時尚未撰寫完成其書第三篇「夫子當路於

齊章」之注，而第十四篇亦有某章未及修訂完備。〔一〕

由上所述，焞去世時，《孟子解》雖有上述不盡作者之意處和若干缺失，但已基本成書。陳振孫「未成」說，趙希弁「終篇」說均不夠貼切，有失精準。

三、《孟子解》的源流與卷帙

《四庫提要》認爲尹焞《孟子解》：「世罕傳本……此本出自浙江吴玉墀家，莫知其所自來……書止上下二卷，首尾完具，無所闕佚，與十四卷之數亦不相合，殆近時妄人所依託也。」〔二〕其說是經不起推敲的。

尹焞《孟子解》在基本成書後不久，即已刊版行世。按韓元吉《孟子解》跋，乾道時趙德莊曾在建安郡齋刊梓《孟子解》。〔三〕又按《郡齋讀書附志》，邢正夫亦曾在岳陽泮宫刊刻尹焞《孟子解》二卷。

復據陳亮所云：「世所傳有伊川先生《易傳》、楊龜山《中庸義》、謝上蔡《論語解》、尹和靖《孟

〔一〕尹焞：《孟子解》，西安文管會藏清乾隆抄本。

〔二〕永瑢等：《四庫全書總目》上册，第307頁。

〔三〕《和靖尹先生文集》卷十《韓無咎跋和靖先生孟子解》。

子説》、胡文定《春秋傳》。」「今《語孟精義》既出，而謝氏、尹氏之書具在。」〔二〕可知乾道八年《語孟精義》刊行後，尹焞《孟子解》尚流傳於世。

又從歷代官私書目的著録來看，尹焞《孟子解》最早見於南宋尤袤（一一二四—一一九四）《遂初堂書目》（《海山仙館叢書》本）的著録，但未注明卷數。陳振孫（一一七九—一二六二）《直齋書録解題》（《武英殿聚珍版叢書》本）卷三著録尹氏《孟子解》十四卷。理宗時人趙希弁《郡齋讀書附志》（《四部叢刊三編》景宋淳祐本）卷五上著録尹焞《孟子解》刊本二卷。

元代脱脱所編《宋史》（中華書局本）卷二百五著録尹焞《孟子解》十四卷。

明代朱睦㮮《萬卷堂書目》（《觀古堂書目叢刊》本）卷一著録尹焞《孟子解》二卷本。焦竑《國史經籍志》（徐象刻本）卷二著録尹焞《孟子尹氏解》十四卷。祁承㸁《澹生堂藏書目》（宋氏漫堂鈔本）《經部》著録尹焞《尹和靖論孟觧》四卷四册。

清《四庫全書總目》（乾隆武英殿刻本《四庫全書總目》卷三十七《經部・四書類存目》）著録浙江吴玉墀家藏本尹焞《孟子解》二卷。沈初等所編纂的《浙江採集遺書總録》（上海古籍出版社《中國歷代書目題跋叢書》第三輯）上著録瓶花齋寫本尹焞《孟子解》十四卷。阮元《文選樓藏書記》（越縵堂鈔本）卷五著録尹焞《孟子解》抄本十四卷。

〔二〕陳亮：《龍川集》卷十四《楊龜山中庸解序》，清宗廷輔校刻本。

又浙江圖書館藏有王道隆編《笠澤堂書目》(見王修《詒莊樓書目》卷四和項士元《中國書目考》),著録了尹焞《孟子解》二册。

《中國古籍善本總目》卷三十七著録尹焞《孟子解》清乾隆抄本二卷。此書藏於西安文管會,爲清乾隆抄本,現影印收入《四庫存目叢書》。

由上可知,尹焞去世後,其《孟子解》曾多次刊刻傳抄,且多見於歷代官私書目的著録,不可謂「世罕傳本」。

又從歷代官私書目的著録來看,尹焞《孟子解》自南宋《遂初堂書目》以來歷代官私書目均有著録,可謂源流分明,脈絡清晰,傳承有緒,不可謂「莫知其所自來」。

從卷帙來看。南宋時,尹焞《孟子解》即已有十四卷本(《直齋書録解題》)和二卷(二册)本(《郡齋讀書附志》)之分。南宋以下,元、明、清皆然。不過,《孟子》係由《梁惠王》上、下,《公孫丑》上、下,《滕文公》上、下,《離婁》上、下,《萬章》上、下,《告子》上、下,《盡心》上、下等十四章或十四篇構成,人們既可因篇幅的多少將其分爲二卷,亦可就其篇章之數將其分爲十四卷,兩者的分别本來就不大。〔二〕追本溯源,今《中國古籍善本總目》著録的二卷本直接來自清《四庫全書總

〔二〕今本尹焞《孟子解》分上、下兩卷,上卷含《梁惠王章句》上、下,《公孫丑章句》上、下,《滕文公章句》上、下等六篇。下卷含《離婁章句》上、下,《萬章章句》上、下,《告子章句》上、下,《盡心章句》上、下等八篇。每篇單獨成卷,即成十四卷本。

目》之二卷本，而後者又當源自明《萬卷堂書目》二卷本、《澹生堂藏書目》之《尹和靖論孟解》四卷四册本、《笠澤堂書目》二册(即二卷)本。明澹生堂所藏《尹和靖論孟解》四卷四册應包含《論語解》《孟子解》二種，今存清韓應陛跋明末祁氏澹生堂不分卷之抄本《論語解》和《孟子解》應分别爲二卷二册，合則爲四卷四册。今本《孟子解》當源自南宋《郡齋讀書附志》著録的二卷本。因此，我們不能因二卷本與十四卷之數不相合，而認爲吴玉墀家藏二卷本係妄人所依託。

四、尹焞《孟子解》的特點、影響與價值

尹焞對經典的講誦解説有其獨到的看法。與當時「凡經師舊説，俱排斥以爲不足信，其學務别是非」[一]的解經風氣不一樣，尹焞認爲：「孔子以來，道學屢絶，言語文字，去本益賒。是以先聖遺書，雖以講誦而傳，或以解説而陋。」[二]因而主張：「學貴於力行，不貴空言；若欲意義新奇，文辭華贍，則非臣所知也。」[三]所以無論是在《論語解》還是在《孟子解》中，尹焞都非常尊重經典文本，盡可能闡釋經典的本義，謹守師説，言簡意賅，不著空言，正像沈初所説的那樣，尹焞的解經風

[一] 永瑢等：《四庫全書總目》上册，卷一《經部總敘》，第1頁。
[二] 《和靖尹先生文集》卷四《進論語狀》。
[三] 《和靖尹先生文集》卷四《論語解序》。

格就是「略疏各章大義」[一]。

如《論語解·雍也篇》「君子博學於文，約之以禮，亦可以弗畔矣夫」章，尹注爲「博學於文，約之以禮，亦可以弗畔於道」，僅將「弗畔矣」解釋爲「弗叛於道」。[二] 對此，朱熹評價曰：「只於本文添一兩字，甚平淡。然意味深長，須當子細看，要見得它意味方好。」又説：「和靖説得的當，雖其言短淺，時説不盡，然確得這意思。」「尹氏語言最實，亦多是處。」[三]

《和靖集》卷六《師説上》載：

> 時敏欲學讀《孟子》，問曰：「《孟子》不知誰解得好？」先生曰：「無出趙氏，公且看趙氏注。」因曰：「某被旨解《孟子》，《孟子》逐段自説分明，今更不復解，但與逐段作一説，提其要而已。」

這正與沈初所説的「略疏各章大義」相符。

尹焞《孟子解》（包括《論語解》）自問世以來，就受到廣泛關注，宋代蔡模的《孟子集疏》、黎靖德的《朱子語類》、趙順孫的《四書纂疏》、真德秀的《四書集編》、元代陳天祥的《四書辨疑》、胡炳

[一] 沈初等：《浙江採集遺書總録》，第114頁。
[二] 尹焞：《論語解》，國家圖書館藏清韓應陛跋、明末祁氏澹生堂抄本。
[三] 黎靖德編：《朱子語類》卷第十九，明成化九年陳煒刻本。

文的《四書通》、詹道傳的《四書纂箋》，明代胡廣的《性理大全書》《四書大全》和張居正的《四書集注闡微直解》，清代方祖範的《四書解瑣言》、王夫之的《四書訓義》、吴昌宗的《四書經注集證》等書均予引用。

特别值得一提的是，《孟子解》一書對宋代理學的主要代表人物朱熹産生了重大影響。將尹焞《孟子解》與朱子《孟子精義》兩相對比，〔二〕即可發現除《離婁章句上》「孟子曰不孝有三無後爲大」章一條外，其他各條尹注均被《孟子精義》全文引用，而且許多章句下只引用了尹焞一家的注解。〔三〕對後世産生了深遠影響的朱熹《四書章句集注》，引用尹焞的《孟子解》多達三十四條。和《孟子精義》一樣，凡引用尹焞文字處，引文前均注明「尹氏曰」，有的全文引用，有的節引或概括

〔二〕 朱熹撰，朱傑人、嚴佐之、劉永翔主編：《朱子全書》第七册，上海：上海古籍出版社、合肥：安徽教育出版社，2002 年，第 643—851 頁。

〔三〕 《梁惠王章句上》引用《孟子解》7 條注解，其中 2 條單獨引用了尹注。《梁惠王章句下》，《公孫丑章句》上、下，《滕文公章句》上、下，《離婁章句》上、下，《萬章章句》上、下，《告子章句》上、下，《盡心章句》上、下的 15 條、8 條、12 條、5 條、10 條、27 條、33 條、9 條、8 條、19 條、15 條、46 條、37 條注解，分别有 3 條、3 條、7 條、0 條、5 條、14 條、8 條、2 條、2 條、8 條、4 條、15 條、21 條只引用了尹注。

式引用。〔二〕

與朱熹、真德秀、王夫之諸賢極其注重尹焞注相比，四庫館臣認爲尹注淺陋，「詞義膚淺，或類坊刻史評，或類時文批語，無一語之發明」，兩者的評價可謂大相徑庭，而後者見識之淺陋亦可以想見。

五、尹書的存佚、真僞與《提要》致誤緣由

上述所論尹焞《孟子解》的成書、刊刻、傳抄、卷帙、歷代官私書目的著録和注解的特點，已足以表明此書自南宋至元明清以來，曾經多次刊刻、傳抄、引録和著録，可謂源流分明，脈絡清晰，傳承有序，並非如四庫館臣所説的「世罕傳本」「莫知其所自來」，疑非焞作，「殆近時妄人所依託」，更非朱彝尊所説的「已佚」。

最具説服力的證據是，將《孟子解》與絶非僞書的朱熹《孟子精義》相比較，除《離婁章句上》

〔二〕　如《告子章句下》「舜發於畎畝之中」章，《集注》引尹焞《孟子解》云：「尹氏曰：言困窮拂鬱，能堅人之志，而熟人之仁。以安樂失之者，多矣。」《盡心章句上》「易其田疇」章，尹焞《孟子解》原文爲：「富歲子弟多賴，凶歲子弟多暴。民無常産，則無常心，勢使之然也。故知禮義生於富足。」《集注》節引爲：「尹氏曰：言禮義生於富足，民無常産，則無常心矣。」《盡心章句下》「由堯舜至於湯」章，尹焞《孟子解》原文爲：「見而知之，見而知此道也。聞而知之，聞而知此道也。孟子自謂聞孔子之道，而卒不得行焉，故曰：然而無有乎爾，則亦無有乎爾。雖嘆而不怨，豈能已也哉？傷時而已。以是終篇，門人蓋亦有識之者與。」《集注》概括爲：「知，謂知其道也。」

「孟子曰不孝有三無後爲大」章一條外，《孟子精義》全文引用了尹焞的《孟子解》。換言之，即尹焞《孟子解》幾乎全部保存在《孟子精義》中。這有力地説明尹焞《孟子解》並未佚失，亦非後人依託。

必須指出的是，《四庫提要》的撰稿者、審定者，如紀昀、翁方綱、袁枚等人均爲名噪一時的大學者，怎麽會犯這樣的錯誤呢？余嘉錫先生認爲《四庫提要》出現錯誤大致是由於四庫館臣重漢學、輕宋儒，以及倉促成編，率爾操觚等。〔二〕

杜澤遜的《四庫存目標注》則指出，《四庫存目提要》出現錯誤，是《四庫》館臣忽視存目之書，輕下斷語所致。他認爲：

> 蓋「著録」各書，提要須弁篇首，辨證不得不精。《存目》提要不附原書，但須説明著者爵里、書之大略及列入《存目》之由，不必如「著録」各書反復考訂也。〔三〕

就尹焞的《孟子解》提要而言。按前所述，朱熹的《四書章句集注》大量引用了尹焞的《孟子解》，其《論孟精義》則幾乎是全文引録了尹焞的《孟子解》。以上二書，尤其是《四書章句集注》是明清科舉考試的必讀之書，四庫館臣理應讀過。而四庫館臣所撰朱熹《論孟精義》提要亦已提到

〔二〕參見余嘉錫：《四庫提要辨證》，昆明：雲南人民出版社，第43—48頁。

〔三〕杜澤遜：《四庫存目標注》第一册，序論，第5頁。

該書「取二程、張子及范祖禹、吕希哲、吕大臨、謝良佐、游酢、楊時、侯仲良、尹焞、周孚先等十二家之説，薈稡條疏，名之曰《論孟精義》」[一]。按理説，是不應該出現將《孟子解》説成「殆近時妄人所依託」的錯誤的。

在筆者看來，《孟子解》提要致誤的直接原因是四庫館臣未加深考，輕信並接受了朱彝尊關於尹焞《孟子解》「已佚」的觀點。其間接和内在的原因則在於紀昀等四庫館臣對漢學、宋學的態度和價值觀，以及尹焞《孟子解》本身的特點。

衆所周知，清代有所謂漢學、宋學之争。清廷以程朱爲正宗，紀昀等四庫館臣則推崇漢學。紀昀等雖在公開場合宣稱：漢學具有根柢，講學者以淺陋輕之，不足服漢儒也；宋學具有精微，讀書者以空疏薄之，亦不足服宋儒也。消融門户之見，而各取所長，則私心怯而公理出，公理出而經義明矣。[二]但在具體編纂過程中，則不無偏向漢學之處。尹焞《孟子解》屬於宋學，本來即不爲四庫館臣所重。更何况尹焞自云其治學主張「學貴於力行，不貴空言」，若欲意義新奇，文辭華贍，則非臣所知也」[三]。陳亮亦云：「尹氏之書簡淡，不足以入世好。」[四]當時就不爲世俗所喜。四庫館

[一] 永瑢等：《四庫全書總目》上册，第294頁。
[二] 永瑢等：《四庫全書總目》上册，卷一《經部總敘》，第1頁。
[三] 《和靖尹先生文集》卷四《論語解序》。
[四] 陳亮：《龍川集》卷十四《楊龜山中庸解序》，清宗廷輔校刻本。

臣認爲漢學講究根柢，宋學以精微見長，注重根柢和精微。尹焞《孟子解》則既無漢學具有根柢的特點，又無宋學精微的特色，其不受館臣重視，被歸入存目乃是很自然的。又因尹焞爲宋代學者，但其書「簡淡」，其評論「多者不過三四行，皆詞義膚淺」，「無一語之發明」，無宋學精微之特色，被認爲「近時妄人所依託」也是合乎其邏輯的。

後記

二〇一一年前後，因陳俊民先生力推，筆者承擔了湯一介先生主持的儒藏編撰項目中整理、點校《尹焞集》的工作。在整理、點校《尹焞集》的同時，發現尹焞尚有《論語解》《孟子解》等著述傳世，其價值不在尹焞文集之下。筆者爲此確定整理方案與體例，撰寫前言並點校定稿。我所指導的博士生吴永明和孔祥來、明旭助我搜集、編輯資料和句讀。如若説《論語解》《孟子解》是整理《尹焞集》的副産品，那麽整理、點校《論語解》《孟子解》的副産品則是有效提升了由法學轉入中國古代史專業，未經過基本史學訓練的博士生吴永明的古文基礎。尹焞《論語解》《孟子解》整理、點校完成後，因體例原因，無法納入《尹焞集》，只能另交出版社出版。尚祈各位學者批評指正。

周生春

二〇一六年二月於求是村